労働判例の解釈だけでは
見えてこない

弁護士なら
知っておくべき
業務命令権
の行使とその限界

著 髙井重憲 弁護士
ホライズンパートナーズ法律事務所

第一法規

はしがき

　弁護士登録から今年でちょうど20年目を迎えました。

　この20年間で社会全体が大きく変化を遂げましたが、特に労働法の分野での変化は目を見張る物があります。サービス残業といった言葉が当たり前に使われ、有給休暇を取るのはよほどのことがなければ認めてもらえない、といった時代は完全に過去のものとなり、法律のルールに則った運用が求められるようになりました。もっとも、労働法自体が本来労働者を保護する点に主眼があることから、ともすると使用者が過度に萎縮しているように見えるケースも散見されるようになりました。

　本書はこのような状況を踏まえ、あらためて雇用契約の本質である「使用者は労働者に対して指揮命令する権限がある」という点に着目し、業務命令権を軸に、雇用関係にまつわる問題にどう対応していくべきかをとりまとめたものとなります。

　前半で法律上の枠組みを簡単に概観した上で、出来る限り具体的なイメージをもってもらうため、後半では事例を基に対応のあり方をまとめております。

　労働者対応で苦慮している企業へのアドバイスなどの際にお役立ていただければ幸いです。

令和6年10月吉日
弁護士　髙井重憲

著者略歴

髙井　重憲

群馬県高崎市出身

東京外国語大学外国語学部（英語専攻）卒業

平成14年　司法試験合格

平成15年　司法修習（第57期）

平成16年　弁護士登録（東京弁護士会）

現　ホライズンパートナーズ法律事務所　パートナー弁護士

主な著書

『裁判員制度と企業対応　―万全ですか？あなたの会社の社内整備―』（第一法規　2009年　裁判員制度と企業対応研究会・共著）

『改訂版　残業代請求訴訟　反論パターンと法的リスク回避策』（日本法令　2014年）

『知らなかったでは済まされない！　税理士事務所の集客・営業活動をめぐる法的トラブルＱ＆Ａ』（第一法規　2020年　ホライズンパートナーズ法律事務所・編著）

『弁護士のための離婚調停＆相談の実況中継　～だから身に付く現場の経験知～』（第一法規　2023年　共著）

凡例

裁判例には、原則として判例情報データベース『D1-Law.com判例体系』（https://d1l-dh.d1-law.com）の検索項目となる判例IDを［　］で記した。
例：最判令和6・4・26労判1308号5頁［28321288］

判例出典略語

民集　　　最高裁判所民事判例集
裁判集民　最高裁判所裁判集民事
労判　　　労働判例
労働民集　労働関係民事裁判例集
判時　　　判例時報
判タ　　　判例タイムズ
労経速　　労働経済判例速報

法令名略語

育児・介護休業法　育児休業、介護休業等育児又は家族介護を行う労働者の福祉に関する法律
男女雇用機会均等法　雇用の分野における男女の均等な機会及び待遇の確保等に関する法律
男女雇用機会均等法施行規則　雇用の分野における男女の均等な機会及び待遇の確保等に関する法律施行規則
労基法　労働基準法
労基則　労働基準法施行規則
労契法　労働契約法
労働施策総合推進法　労働施策の総合的な推進並びに労働者の雇用の安定及び職業生活の充実等に関する法律
個人情報保護法　個人情報の保護に関する法律

v

目次 労働判例の解釈だけでは見えてこない 弁護士なら知っておくべき **業務命令権**の行使とその限界

はしがき

著者略歴

凡例

第1章　近時の労使紛争における「業務命令権」の意義

1　近時の労働問題の特徴……………………………………………… 2
　（1）　使用者が対応に苦慮している ………………………………… 2
　（2）　労働法の知識が広まっている ………………………………… 2
　（3）　労働法を利用して積極的に利益を得ようとするケースも現れている ……………………………………………………… 4
　（4）　ハラスメント規制（労働施策総合推進法30条の2等、男女雇用機会均等法11条・11条の3等、育児・介護休業法25条等）と労働者の権利主張の高まり ……………………………… 5
　（5）　小括　〜労働者は武器を持っている〜 ……………………… 6
2　使用者サイドの戦い方は？
　〜武器としての「業務命令権」の重要性〜……………………… 6
　（1）　前提としての法規制に関する正確な知識 …………………… 6
　（2）　武器としての「業務命令権」…………………………………… 7
　（3）　業務命令権の現代的意義 ……………………………………… 8
　（4）　業務命令権を行使することで目指すこと …………………… 9
　（5）　弁護士としてアドバイスをしていく上での視点 …………… 9

第2章　「業務命令権」の内容とその限界

1　最高裁が示す業務命令権の内容とその根拠…………………… 12

2 雇用契約の性質上当然に権限が生じるもの……………………13
（1）労務指揮権 …………………………………………………13
（2）労務指揮権の具体的内容 …………………………………14
（3）調査への協力義務 …………………………………………15
3 雇用契約の合意内容となることで認められる権限…………17
（1）具体例 ………………………………………………………17
（2）雇用契約の内容になるとは？ ……………………………18
（3）就業規則への記載 …………………………………………19
4 労働者に対する所持品検査とその限界………………………19
5 業務命令権行使の限界…………………………………………21
（1）権利濫用 ……………………………………………………21
（2）不法行為責任 ………………………………………………21
6 業務命令違反の効果……………………………………………22
（1）懲戒処分 ……………………………………………………22
（2）賃金請求権は発生するのか ………………………………22

第3章　事例

事例1
1 労働者がルールを守らず、反抗的なケース …………26
2 解雇されたと主張しているケース ……………………26

企業へのアドバイスを行う際のポイント ………………………26
対応のポイント ………………………………………………………27
【**1**について】………………………………………………………27
　1　すぐに解雇した場合の見通し ………………………………27
　2　基本的対応方針は？ …………………………………………32
　3　具体的対応策1〜日報の不提出など、社内ルールを守らないことについて〜……………………………………………33
　4　具体的対応策2〜業務命令に従わなかった場合や反抗的な態度への対応〜……………………………………………40

vii

5　労働者が反抗的という使用者からの主張にどう対応するか？……………………………………………………………… 50
　　　6　退職勧奨 ………………………………………………… 53
　　　7　最終的に解雇する場合の留意点 ……………………… 54
　【❷について】…………………………………………………… 56
　　　1　そもそも解雇していないことを明確に告げる ……… 56
　　　2　解雇したと判断された場合に備えて、解雇撤回の意思を表示しておく……………………………………………… 57
　　　3　解雇は撤回できないという反論への対応 …………… 57
　　　4　賃金はどうすべきか？ ………………………………… 59
　　　5　それでも解雇されたと主張し、欠勤を継続した場合の対応………………………………………………………… 59
　押さえておきたい法律知識…………………………………… 60
　　　1　解雇が無効となる場合とは？ ………………………… 60
　　　2　解雇の有効性が争われる場合の請求の趣旨 ………… 64
　　　3　解雇が無効となった場合の帰趨 ……………………… 64
　　　4　普通解雇と懲戒解雇 …………………………………… 69

事例2　労働者が時間外労働を拒否し、指示に対してパワハラと反論するケース……………………………………… 77

　企業へのアドバイスを行う際のポイント…………………… 77
　対応のポイント………………………………………………… 78
　　　1　事例1との違い ………………………………………… 78
　　　2　法律に則った対応 ……………………………………… 78
　　　3　直接の上司だけで対応することのリスク …………… 79
　　　4　会社組織（使用者）としての対応を行う …………… 79
　　　5　時間外労働をする義務はないという発言について … 80
　　　6　パワハラの訴えについて ……………………………… 86
　押さえておきたい法律知識…………………………………… 93

	1	時間外労働の業務命令権について	93
	2	労働者代表の選出	94
	3	パワハラの類型	95

事例3　労働者が就業時間に頻繁に離席し、終業時刻後には社内に残っているケース … 97

企業へのアドバイスを行う際のポイント … 97
対応のポイント … 97
 1　労働時間管理の重要性 … 97
 2　就業時間中における対応 … 98
 3　終業時間後の対応 … 105
押さえておきたい法律知識 … 112
 1　労働時間とは … 112
 2　手待ち時間と休憩時間 … 113
 3　精神障害での労災認定と長時間労働 … 114

事例4　労働者から有給休暇を申請されたケース … 117

企業へのアドバイスを行う際のポイント … 117
対応のポイント … 118
【❶について】 … 119
 1　「事業の正常な運営を妨げる場合」にあたるか … 120
 2　始業時間を過ぎてしまった場合にも時季変更権を行使できるか … 120
 3　時季変更権を行使した後の対応 … 122
【❷について】 … 122
 1　時季変更権を行使できるか … 122
 2　他に手段はないのか … 123
 3　退職時の引継ぎは義務なのか … 124
押さえておきたい法律知識 … 124

1　時季変更権を行使する場合の方法 …………………… 124
　　　2　有給休暇申請の期限を就業規則で設けることは可能か　125
　　　3　有給休暇申請の理由を確認することは問題ないか …… 126
　　　4　長期間の有給休暇一括指定と時季変更権の行使 ……… 126
　　　5　研修受講日に対する時季指定と時季変更権の行使 …… 127

事例5　**労働者が配転命令を拒絶しているケース** ………… 128

企業へのアドバイスを行う際のポイント …………………………… 128

対応のポイント …………………………………………………………… 128

　　　1　配転命令権の存在と配転の必要性についての確認 …… 128
　　　2　拒否する場合の理由の確認 ………………………………… 129
　　　3　配転命令 ……………………………………………………… 129
　　　4　配転命令に従わない場合の対応 …………………………… 130
　　　5　配転命令の効力を争ってきた場合の対応 ………………… 131
　　　6　パワハラであるという主張への対応 ……………………… 133

押さえておきたい法律知識 ……………………………………………… 133

　　　1　配転命令権の根拠とその制限の枠組み …………………… 133
　　　2　職種限定の合意 ……………………………………………… 134
　　　3　勤務地限定の合意 …………………………………………… 137
　　　4　権利濫用法理による制約 …………………………………… 138
　　　5　降格や減給を伴う配転命令の有効性 ……………………… 140

事例6　**労働者が欠勤等を繰り返しているケース** ………… 141

企業へのアドバイスを行う際のポイント …………………………… 141

対応のポイント …………………………………………………………… 142

　　　1　欠勤、遅刻、早退の理由を明らかにするよう業務命令を
　　　　　発する ………………………………………………………… 142
　　　2　体調不良を理由とする場合には、診断書の提出を求める　142

3　欠勤理由を明らかにしない場合や診断書の提出がない
　　　　　場合の対応……………………………………………… 144
　　　4　欠勤を理由とした解雇をする場合の留意点 ………… 144
　　　5　会社が指定する医師の受診を命じる ………………… 145
　　　6　休職命令 ………………………………………………… 145
押さえておきたい法律知識……………………………………… 148
　　　1　私傷病休職制度の目的 ………………………………… 148
　　　2　制度設計 ………………………………………………… 149
　　　3　退職規程 ………………………………………………… 151
　　　4　復職 ……………………………………………………… 152

事例7　**労働者同士で金銭トラブルが発生しているケース** …… 156
企業へのアドバイスを行う際のポイント……………………… 156
対応のポイント…………………………………………………… 157
　　　1　就業規則に金銭の貸し借りを禁止する規定があるか … 157
　　　2　貸借を禁止する規定がない場合の対応 …………… 158

事例8　**労働者の身だしなみに問題があると考えられるケース**　159
企業へのアドバイスを行う際のポイント……………………… 159
対応のポイント…………………………………………………… 159
　　　1　そもそも身だしなみを制限できるのか ……………… 159
　　　2　本事例での対応 ……………………………………… 161

第 1 章

近時の労使紛争における「業務命令権」の意義

1 近時の労働問題の特徴

（1）使用者が対応に苦慮している

　最近使用者が労働者に対してどのように対応すればよいのかに苦慮し、相談に来られることが少なくありません。書籍やセミナーなどでも「問題社員対応」といったテーマが数多く取り上げられており、このような傾向は明らかにみて取れます。

　なにか、使用者が労働者の顔色をうかがいながら、どうしていいのかわからず右往左往しているようにもみえてしまいます。

　労働者の行動で会社が困っている状況にあったとしても、いざトラブルに発展してしまうと、裁判所は労働者の味方をするから大変なことになるらしい、といった情報を聞いて不安を感じたり、こんなことをしたらハラスメントと言われないだろうか、といったことを心配するあまり、どう対応していいかわからなくなっていたりするケースが多いような印象です。

　なぜこのようなことになってしまっているのでしょうか。

（2）労働法の知識が広まっている

　一つの傾向としていえることは、労働法に関する知識が労働者の中に広がっているということです。言い方を変えれば、自分たちが法律によって保護されていることを知っている労働者が増えています。

　使用者と労働者との間で締結される雇用契約の内容については、労基法や労契法、男女雇用機会均等法など様々な法令によって規制されています。これらの法令は単に労働法、もしくは個別的労働関係法と呼ばれたりします。

　労働法が設けられている理由・目的としては様々なものがありますが、労働法の最も重要な目的は、使用者による搾取から労働者を保護する点にあります。

すなわち、雇用契約も契約ですので、本来は契約自由の原則の下、使用者と労働者とが合意することによってどのような雇用条件も自由に定められるのが原則です。

ただ、現実には雇用主（使用者）と労働者とは対等な関係ではないことから、強い立場にある使用者と弱い立場にある労働者とが自由に契約を締結した場合には、労働者は使用者にとって都合の良い条件での契約を強いられ、結果的に労働者が悲惨な状況に置かれてきました。

このような歴史的背景を踏まえ、労働法を制定し、使用者と労働者との間の雇用契約の締結について、一定の規制を加えることで、労働者を保護することが図られました。

日本国憲法においても、27条2項では「賃金、就業時間、休息その他の勤労条件に関する基準は、法律でこれを定める。」と定められており、28条では「勤労者の団結する権利及び団体交渉その他の団体行動をする権利は、これを保障する。」と定められています。

雇用関係において、労働者の保護が重要な意味を持っていることは疑いのないところで、日本においても様々な法令によって労働者保護が図られています。

例えば、労働時間については、労基法で1日8時間、週40時間以内とされ、これを超えた時間外労働を行った場合には割増賃金を支払うことが法律上義務づけられています（労基法32条・37条）。

また、解雇についても、終身雇用制度による雇用保障の重要性から、判例法理によって解雇権濫用論として厳格な規制が加えられ、現在では労契法16条において解雇権を濫用した解雇は無効となる旨明確に規定されています。

以前は、このようなルール自体がほとんど認知されていませんでしたが、インターネットの普及などにも影響され、このような規制が設けられていることを労働者が容易に知ることができる時代となりました。

そのため、例えば以前はあたり前だった「サービス残業」といった考え

方は通用しなくなりました。労働者が正当に権利を主張し、使用者側が従来の取り扱いを変えることを迫られました。使用者としてそれまで当然のことと考えていたことが変更を迫られることになり、使用者が勝手にできるわけではないという認識が広まったことの影響は大きいでしょう。

(3) 労働法を利用して積極的に利益を得ようとするケースも現れている

もっとも、労働者が法律の知識を持つようになったとはいっても、法律に従った行動が求められること自体は当然です。使用者としても法律による規制を正確に把握し、適切な対応をすることが求められています。

ただ、最近ではみようによっては労働者が保護されている立場を利用して積極的に利益を得ようとするケースがみられることも否定しがたいところです。

例えば、前記のとおり、解雇については解雇権濫用法理によって規制がされています。

労働者を解雇した場合に、その解雇が有効か否かが裁判で争われ、仮に解雇が無効という判決が下された場合、企業としては、解雇から判決確定に至るまでの未払賃金全額を支払う(バックペイ)ことを余儀なくされることに加え、当該労働者を復職させる必要に迫られます。

使用者として、復職は受け入れられないと考えていたとしても、判決では復職が命じられる以上、退職してもらうためには和解によって合意退職を目指す必要があり、そのために解決金の支払いを余儀なくされることが珍しくありません。

このような現実を踏まえ、どうも解雇されたらお金が貰えるらしい、といった情報を得た労働者が、場合によっては解雇をさせるために挑発的な言動や反抗的な言動を繰り返したりします。

企業としてはまさに対応に苦慮する事案になりますが、2023年にはプレジデントオンラインで「解雇通知書はカネになる…2社から裁判で計4700万円を勝ち取ったモンスター社員の『円満退社』の手口」(https://

president.jp/articles/-/71186?page=1）といった記事も掲載されています。この記事のケースが解雇として適切だったかはわかりませんが、このような切り口の記事が出るくらい、解雇規制に関する情報は広がっているところです。

また、労働時間規制（労基法32条）にしても、あえてダラダラ残業を繰り返し、高額の残業代を請求したりするケースも珍しくありません。

むしろ労働者が労働法で保護されていることを利用して、積極的に利益を得ようとしているように思われるケースも増えてきているのが近時の特徴といえるでしょう。

（4）ハラスメント規制（労働施策総合推進法30条の2等、男女雇用機会均等法11条・11条の3等、育児・介護休業法25条等）と労働者の権利主張の高まり

以上のような直接的な法規制に加え、使用者が労働者への対応に苦慮している理由としては、ハラスメントという言葉が拡大していることによる影響も小さくありません。

セクハラ（セクシャル・ハラスメント）、パワハラ（パワー・ハラスメント）といった広く知られるようになったものに加え、マタハラ（マタニティ・ハラスメント）、パタハラ（パタニティ・ハラスメント）、カスハラ（カスタマー・ハラスメント）といったものも言われるようになってきました。

このような言葉が生まれた背景には、被害を受けたケースが多数存在しているわけで、問題解決に向けたムーブメントとして重要な意義を持つことは否定しがたいところです。

ただ、言葉として知られるようになり、一定の行為が問題行動として自覚されるようになった結果、使用者としてはどこまではやっていいのか、どこからがハラスメントになるのか、について、判断に迷い、結果として身動きが取れなくなってしまっているケースが散見されます。

例えば、パワハラ、セクハラの被害にあったという訴えがあった場合に、

加害者とされる人物の行動には問題がなく、当該訴えを起こした従業員に問題があると評価できるケースでも、当該労働者に対して処分をすることに躊躇するケースは少なくありません。

（5）小括　〜労働者は武器を持っている〜

近時の労働問題の特徴を概観してきましたが、イメージとしてお伝えすると、労働者が武器を持って使用者と戦っているイメージがぴったりきます。

武器など一体どこから持ってきたのだろうか、と思ってみてみると、なんのことはない、法律が労働者に対して当然に与えているものだったり、ハラスメントということで社会的に広く認められたものだったりします。

これらの武器は本来は労働者が自らの身を守るため、いわば護身用に与えられていたものでした。ただ、最近はその武器を使って使用者を攻撃して利益を得ることができることに気づいた労働者も現れ、むしろ積極的に武器を使っているようなケースも出てきています。

問題は、このような武器を持っている労働者に対し、使用者はどのように対応していくべきかを真剣に考えていく必要があるということです。

2　使用者サイドの戦い方は？　〜武器としての「業務命令権」の重要性〜

（1）前提としての法規制に関する正確な知識

法規制の内容はいわば戦いにおけるルールであると共に、労働者が戦う上で武器になるものでもあります。そのため、使用者として労働者とのトラブルに向き合っていく上では、法規制に関する正確な知識が必要となることは当然です。法律で明確に禁止されていることを行っていては、戦いようがありません。法規制に関する正確な理解は、問題に向き合う前提と

なります。

　ただ、他方で労働法による規制は、主として労働者の保護を目的として定められています。そのため、法規制の内容を正確に把握するだけでは、使用者として実際のトラブルに対応していく上では必ずしも十分ではありません。

　孫子に「彼を知り己を知れば百戦殆からず」といった言葉がありますが、法規制の内容はいわば「彼」の強みの部分です。法規制についての知識だけでは「己」の強みの部分の把握が不十分となってしまいます。

　つまり、法規制に基づく、「使用者はこういうことをしてはならない」という内容を正確に把握するだけではなく、目の前にある問題に対して対応するために、どういったことを行うことができるのか、いわば使用者としての強み（武器）を明確に意識していく必要があるといえます。

（2）武器としての「業務命令権」

　では、使用者が労働問題に向き合っていく上で、意識しておくべき武器とはなんでしょうか。

　この問題を考える上では、そもそも労働者が保護されている理由に立ち返る必要があります。

　すなわち、雇用契約というのは、労働者が使用者に使用されて労働し、使用者がこれに対して賃金を支払うことを合意する契約と定義されます（労契法6条）。つまり、雇用契約が締結された場合、使用者は労働者を使用することが可能となり、それが雇用契約の本質です。

　労働者保護の必要性から契約自由の原則は修正されているとはいっても、それはあくまでも使用者が不適切な形で労働者を使用することから労働者を保護することを意図したもので、使用者が労働者を使用する権限があることが変更されているわけではありません。

　この、使用者が労働者に対して命令をする権利があるということ自体は、あまりに当然のこと過ぎて、明示的に自覚された議論はあまりされていな

いように感じられます。

　ただ、労働法による規制を前提として労働者と向き合っていくことが必要となる使用者としては、あらためて労働者を使用する権限、つまり業務命令権（指揮命令権）を適切に行使していくことは非常に重要な意味を持ってきます。

（3）業務命令権の現代的意義

　もっとも、業務命令を下す権利があるとはいっても、一方的に労働者に命令すれば企業経営がうまくいく、というわけではありません。

　例えば上司の自宅の引越を部下に強制的に手伝わせるといったようなことが業務命令という名の下に行われていたようなことも過去にはあり、そもそも「業務命令」であるということ自体に拒絶反応を示されるケースも少なくありません（このような例は現在ではパワハラの典型例といえるでしょう）。

　そのため、命令が可能なケースであっても、できる限り労働者の納得の上で業務を進めていくことが好ましいことは少なくないでしょうし、それによってパフォーマンスの向上が期待できる側面があることも事実です。

　例えば、従業員をどの部署に、どのような役職で配置するかについては使用者が決定する権限があります。

　ただ、例えば管理職への昇進であっても、最近では労働者から難色を示されるケースも出てきています。そのようなときに人事権の行使として昇進をさせることは法律上は可能でしょうが、労働者のモチベーションが維持されるのかは疑問が拭えません。

　使用者側が決定する権限があることを前提としつつも、しっかりとコミュニケーションを図り、労働者も納得の上で昇進させていくことが適切といえるでしょう。

　これに対し、労働者の言動に不適切なものがあるようなケースでは、使用者が積極的に業務命令権を行使して改善を行っていく必要があるケース

があることも事実です。命令として行うことに対して労働者が拒絶的にとらえることを懸念して、これを怠っていては、企業運営に支障をきたしてしまいます。

組織を運営していく上で、必要と判断される場合には明確な形で命令を下していくことが重要になってくるのも近時の特徴といえるところです。

（4）業務命令権を行使することで目指すこと

では、使用者が業務命令権を行使する場合、いかなる意図を持って行使していくべきでしょうか。

ケースバイケースで様々な場面が想定されますが、特に重要な場面としては、①職場内における不適切な状態を改善することを目的とした場面、②労働者との間で発生している問題について使用者として重要な証拠として確保することを目的とする場面、以上の2つが指摘できます。

例えば労働者がさぼっており、業務を適切に処理していないようなケースがあったとします。

この場合に、業務を行うように指示を出すとすると、①の意図があることは容易に理解が可能かと思います。つまり、命令によって労働者がさぼっているという問題が改善されることを意図しているのです。

他方で、同じ場面で②の意図から命令を出していくことも考えられます。この場合には、さぼっている、という状況を証拠化し、さらに使用者側に有利な証拠として確保することも意図して行うことになりますので、命令の内容も単に業務を行うように指示を出すのとは異なってきます。

少し抽象的な表現になってしまいましたが、第3章でご紹介している事例をみていただくことで、特に②証拠化、という意味での業務命令権の行使については理解を深めていただけるように思います。

（5）弁護士としてアドバイスをしていく上での視点

以上のような観点から、本書では労働トラブルへの対応について、労働

法による規制を概観するとともに、使用者側の立場で問題を解決していくためにどのような対応をしていくか、特に「業務命令権」をどのように行使していくかについてご紹介していきます。

　労働問題について弁護士に相談をすると、リスクがあるからしてはいけない、と言われるばかりでなにも問題が解決できない、といった不満を持たれてしまうこともあります。

　相談者は、問題を抱えていて、それを解決するために弁護士に相談に来ているわけですから、できる限り解決に向けた道筋を示していくことが求められます。

　その際、アドバイスを行っていく上での重要な視点の一つとして、ここでご紹介するような業務命令権の行使といったものがあげられると考えています。

　本書でご紹介している内容はあくまでも一例に過ぎません。

　使用者が労働問題で抱える悩みを解決するサポートをしていく上で、一つの参考となればと考えています。

第 2 章

「業務命令権」の内容とその限界

第2章 「業務命令権」の内容とその限界

　本書では、労働者との間のトラブルを解決していくために、使用者が適切な形で業務命令権を行使していくことの重要性について触れていきます。

　この章ではまず、業務命令権の内容とその根拠、また、業務命令権を行使していく上での限界についてご説明します。

1 最高裁が示す業務命令権の内容とその根拠

　そもそも業務命令権とはどのようなものでしょうか。
　この点、電電公社帯広局事件（最判昭和61・3・13裁判集民147号237頁［27803721］）では、業務命令権について、「使用者が業務遂行のために労働者に対して行う指示又は命令」であり、その根拠について労働契約に基づくとしています。

> **電電公社帯広局事件　最判昭和61・3・13裁判集民147号237頁［27803721］**
>
> 　一般に業務命令とは、使用者が業務遂行のために労働者に対して行う指示又は命令であり、使用者がその雇用する労働者に対して業務命令をもつて指示、命令することができる根拠は、労働者がその労働力の処分を使用者に委ねることを約する労働契約にあると解すべきである。すなわち、労働者は、使用者に対して一定の範囲での労働力の自由な処分を許諾して労働契約を締結するものであるから、その一定の範囲での労働力の処分に関する使用者の指示、命令としての業務命令に従う義務があるというべきであり、したがつて、使用者が業務命令をもつて指示、命令することのできる事項であるかどうかは、労働者が当該労働契約によつてその処分を許諾した範囲内の事項であるかど

うかによつて定まるものであつて、この点は結局のところ当該具体的な労働契約の解釈の問題に帰するものということができる。

　この判断枠組みを踏まえると、使用者が労働者にどのような業務命令を行うことができるかは、雇用契約の内容、解釈によって判断されることになります。
　もっとも、雇用契約の内容によって業務命令の権限が判断されるとはいっても、中には雇用契約の内容として（言い換えれば雇用契約の性質上）当然に発生する権限もあります。
　他方で、権限の内容によっては個別的な雇用契約の内容となっていると認められて初めて権限が生じるものもあります。
　業務命令権といっても、その中身によって性質に差があることを意識しておくことは重要です。

2　雇用契約の性質上当然に権限が生じるもの

（1）労務指揮権

　雇用契約上、当然に使用者に認められる権限とはどういうことでしょうか。
　使用者と労働者との間で雇用契約が成立すると、労働者は労働する義務（債務）を負い、使用者は労働に対し賃金を支払う義務（債務）を負うことになります。
　ただ、雇用契約は長期間関係が継続するため、労働者が負っている労働義務の内容を契約時に詳細に特定しておくことは不可能です。例えば新規に雇用した労働者について、1年後にどこで、どのような職務を行うかを契約の時点で具体的に決めておくのは不可能でしょう。

そのため、労働者が負っている労働義務は抽象的なものとして生じているにとどまり、具体的にどのような業務を行うかは、状況に応じて使用者が決定し、労働者に指示することで初めて具体化することになります。

このことは、前掲電電公社帯広局事件［27803721］においても、「労働者は、使用者に対して一定の範囲での労働力の自由な処分を許諾して労働契約を締結するものであるから、その一定の範囲での労働力の処分に関する使用者の指示、命令としての業務命令に従う義務がある」と表現されています。

このように、雇用契約を締結しているという契約の性質上、当然に使用者は労働者に対し、業務に関する指示を行う権限を有しています。

この権限のことは、業務命令権の中でも特に「労務指揮権」と呼ばれ、区別されています。

（2）労務指揮権の具体的内容

労務指揮権は雇用契約に基づいて発出されるものですので、その中核となるのは日常的な労働の内容に関しての指示となります。

ただ、それだけにとどまるものではなく、日常的な業務を円滑に進めるための業務指示や、日常業務で問題が生じた場合の指示など、業務に関連して広範囲に及びます。

例えば、使用者には次のような指示を出すことが認められており、労働者にはその指示に従う義務があります。

・研修の受講
・出張
・作業場所の指定（パワーテクノロジー事件　東京地判平成16・1・14労判875号78頁［28092447］）
・取引先への派遣命令（アクティス事件　東京地判平成22・11・26労経速2096号25頁［28170489］）
・氏名、顔写真等を明示した胸章の着用（ゆうちょ銀行事件　東京地判

平成23・9・21労経速2126号14頁［28180149］）
- 担当業務から外すこと（東日本電信電話事件　東京地判平成12・11・14労判802号52頁［28060510］）
- 労働時間（時間外労働）管理のための報告（インフォプリント ソリューションズ ジャパン事件　東京地判平成23・3・28・労経速2115号25頁［28174080］）
- 部下に対する叱責（東芝府中工場事件　東京地八王子支判平成2・2・1判時1339号140頁［27806119］）
- 始末書の提出（大阪運輸振興事件　大阪地判平成20・10・31労判979号55頁［28150280］）
- 自宅待機命令（ダイハツ工業事件　最判昭和58・9・16裁判集民139号503頁［27613207］）

（3）調査への協力義務

　実務的にしばしば問題となるのが、職場内での規律違反行為があったような場合に使用者が事実関係について調査をするにあたり、労働者がこれに協力する義務があるか、という点についてです。

　例えば、労働者Xから、「上司Aからパワハラの被害にあっている」という訴えがあった場合に調査を行うようなケースです。

　加害者とされているAには当事者として調査に応じる義務があり、これに応じなかった場合にはそのこと自体が業務命令違反を構成します。

　問題は、Aの上司であるBやXの同僚であるCにも調査に協力する義務があるのか、これを拒んだ場合に業務命令違反を構成するのか、という点です。

　この点については、富士重工事件（最判昭和52・12・13民集31巻7号1037頁［27000263］）でまさに争われました。

　最高裁は、その調査の対象となる労働者の職責に着目し、①労働者が他の労働者に対する指導、監督ないし企業秩序の維持などを職責とする者で、

調査に協力することがその職務の内容となっている場合には、調査に協力することが労務提供義務の履行そのものにあたるので、調査に協力する義務を負うとする一方で、②それ以外の場合には、「調査対象である違反行為の性質、内容、当該労働者の右違反行為見聞の機会と職務執行との関連性、より適切な調査方法の有無等諸般の事情から総合的に判断して、右調査に協力することが労務提供義務を履行する上で必要かつ合理的であると認められない限り、右調査協力義務を負うことはない」と判示しています。

この判断を前提とすると、先ほどの例では、上司であるBには調査への協力義務があるものと考えられます。

他方で、同僚に過ぎないCに協力義務があるかは、その状況によって変わります。基本的には必要性を説明し、自発的に調査に応じてもらうことが好ましいといえるでしょう。

富士重工事件　最判昭和52・12・13民集31巻7号1037頁 [27000263]

そもそも、企業秩序は、企業の存立と事業の円滑な運営の維持のために必要不可欠なものであり、企業は、この企業秩序を維持確保するため、これに必要な諸事項を規則をもつて一般的に定め、あるいは具体的に労働者に指示、命令することができ、また、企業秩序に違反する行為があつた場合には、その違反行為の内容、態様、程度等を明らかにして、乱された企業秩序の回復に必要な業務上の指示、命令を発し、又は違反者に対し制裁として懲戒処分を行うため、事実関係の調査をすることができることは、当然のことといわなければならない。しかしながら、企業が右のように企業秩序違反事件について調査をすることができるということから直ちに、労働者が、これに対応して、いつ、いかなる場合にも、当然に、企業の行う右調査に協力すべき義務を負つているものと解することはできない。けだし、労働者は、労働契約を締結して企業に雇用されることによつて、企業に対し、労務

提供義務を負うとともに、これに付随して、企業秩序遵守義務その他の義務を負うが、企業の一般的な支配に服するものということはできないからである。そして、右の観点に立つて考えれば、当該労働者が他の労働者に対する指導、監督ないし企業秩序の維持などを職責とする者であつて、右調査に協力することがその職務の内容となつている場合には、右調査に協力することは労働契約上の基本的義務である労務提供義務の履行そのものであるから、右調査に協力すべき義務を負うものといわなければならないが、右以外の場合には、調査対象である違反行為の性質、内容、当該労働者の右違反行為見聞の機会と職務執行との関連性、より適切な調査方法の有無等諸般の事情から総合的に判断して、右調査に協力することが労務提供義務を履行する上で必要かつ合理的であると認められない限り、右調査協力義務を負うことはないものと解するのが、相当である。

3 雇用契約の合意内容となることで認められる権限

（1）具体例

　労務指揮権に属する権限については雇用契約から使用者に当然に認められる権限といえる一方で、労働契約の内容となることで初めて認められる権限もあります。

　これは、労働契約の内容（労働時間や勤務場所など）を大きく変更する性質を持つものや、労働者の権利を侵害する程度が大きいものが該当し、具体的には次のようなものが当てはまります。

・時間外労働命令、休日労働命令
・配転命令、出向命令

・休職命令

・所持品検査の命令

　これらについては、雇用契約の内容とすることで初めて具体的な命令として発することが認められ、労働者にはこれに従う義務が生じます。

（2）雇用契約の内容になるとは？
　（1）の具体例で示したような内容が雇用契約の内容となっている場合、使用者は業務命令としてこれを発することができることになりますが、雇用契約の内容は、個別契約の他、就業規則や労働協約、労使慣行などによって定められます。

　この中で、特に重要なのは就業規則です。

　労契法7条の定めにより、合理的な労働条件が定められた就業規則が労働者に周知されている場合、就業規則で定める労働条件が労働契約の内容となります。

> 7条　労働者及び使用者が労働契約を締結する場合において、使用者が合理的な労働条件が定められている就業規則を労働者に周知させていた場合には、労働契約の内容は、その就業規則で定める労働条件によるものとする。ただし、労働契約において、労働者及び使用者が就業規則の内容と異なる労働条件を合意していた部分については、第12条に該当する場合を除き、この限りでない。

　通常は、（1）の具体例にあたるものは、就業規則の中に規定されることで使用者に権限が付与されているといえます。

（3）就業規則への記載

なお、就業規則には、本来労務指揮権に属すると考えられる内容も含め、使用者の権限が広く規定されているのが一般的です。

このような記載は、雇用契約によって法的に発生している権限を確認的に規定したものといえます。就業規則に記載することで権利義務関係が明確になり、労務管理上も有益であることから広く記載されているところですが、労務指揮権に属する権限は、本来雇用契約によって当然に認められ、就業規則に記載されることで権限が発生するわけではありません。各々法的な性質に差異があることを明確に意識しておくことが重要です。

特に、就業規則に記載されていること以外は労働者に命じることができないという考えは、誤っているので特に注意が必要です。

4　労働者に対する所持品検査とその限界

使用者が、労働者に対してその荷物などを検査する必要に迫られる場合があります。

例えば、客先で作業を行うような業務に従事しているケースで、顧客から作業後に物が紛失したとの訴えがあったようなケースです。

労働者に対して所持品検査を行うことができるのはどのような場合でしょうか。

この点については、適法となる要件として、西日本鉄道事件（最判昭和43・8・2民集22巻8号1603頁［27000933］）で次の基準が示されています。

①所持品検査を行う合理的な理由があること
②所持品検査の方法・程度が妥当であること
③所持品検査が制度として画一的に行われていること

④就業規則等に基づいて行われていること

　前提として、就業規則等に規定があり、雇用契約の内容となっていることが必要ですので注意が必要です。
　これらの要件が満たされた場合については、所持品検査を受けることを義務づけることができます。

> **西日本鉄道事件　最判昭和43・8・2民集22巻8号1603頁[27000933]**
> 　おもうに、使用者がその企業の従業員に対して金品の不正隠匿の摘発・防止のために行なう、いわゆる所持品検査は、被検査者の基本的人権に関する問題であつて、その性質上つねに人権侵害のおそれを伴うものであるから、たとえ、それが企業の経営・維持にとつて必要かつ効果的な措置であり、他の同種の企業において多く行なわれるところであるとしても、また、それが労働基準法所定の手続を経て作成・変更された就業規則の条項に基づいて行なわれ、これについて従業員組合または当該職場従業員の過半数の同意があるとしても、そのことの故をもつて、当然に適法視されうるものではない。問題は、その検査の方法ないし程度であつて、所持品検査は、これを必要とする合理的理由に基づいて、一般的に妥当を方法と程度で、しかも制度として、職場従業員に対して画一的に実施されるものでなければならない。そして、このようなものとしての所持品検査が、就業規則その他、明示の根拠に基づいて行なわれるときは、他にそれに代わるべき措置をとりうる余地が絶無でないとしても、従業員は、個別的な場合にその方法や程度が妥当を欠く等、特段の事情がないかぎり、検査を受忍すべき義務があり、かく解しても所論憲法の条項に反するものでないことは、昭和二六年四月四日大法廷決定の趣旨に徴して明らかである。

5 業務命令権行使の限界

（1）権利濫用

　雇用契約に基づいて、業務命令を行う権限が認められたとしても、その権利の行使が権利濫用（民法1条3項、労契法3条5項）にあたる場合にはその業務命令は無効となります。
　実際の紛争でも、権利濫用に該当するか否かが争点となるケースが多くなっています。
　権利濫用に該当するか否かの判断基準は、基本的には、業務命令権を行使する業務上の必要性と、労働者が被る不利益の比較考量がポイントとなります。
　この他、裁判例では、権利濫用に該当するかの判断にあたって、手続的な側面を考慮・重視するものもみられます。
　具体的には、業務命令の必要性を十分に説明したか、労働者に意見を述べる機会が付与されたか、といった点です（配転命令の効力が争われた、一般財団法人あんしん財団事件　東京地判平成30・2・26労判1177号29頁［28262573］など）。

（2）不法行為責任

　業務命令権の行使であっても、その裁量を逸脱し、権利濫用に該当するような場合、業務命令自体が無効と評価されることとは別に、不法行為が成立し、損害賠償が認められる可能性があります。
　JR東日本（本荘保線区）事件（最判平成8・2・23労判690号12頁［28010347］）では、国労マーク入りのベルトを着用して就労した組合員に対し、使用者側が就業規則の書き写し等を命じたことが労働者の人格権を侵害し、教育訓練に関する業務命令権の裁量の範囲を逸脱する違法なものとして使用者

側に損害賠償が命じられています。

近時はパワー・ハラスメント（過小な要求など）として問題となることも多い点は注意が必要といえるでしょう。

6 業務命令違反の効果

（1）懲戒処分

就業規則の懲戒処分の事由として、「正当な理由なく、業務上の指示・命令に従わなかったとき」といった規定が置かれていることが一般的です。

使用者が一定の業務命令を発したにもかかわらず労働者がこれに従おうとしなかった場合、業務命令違反として懲戒処分の対象となり得ます。

懲戒処分を行う場合、前提として業務命令が有効である必要があります。

また、業務命令自体が有効であるとしても、懲戒処分としての相当性を欠く等の理由で無効とされる場合もあります。

特に、懲戒解雇の場合にはその有効性は厳格にとらえられていますので、戒告などの懲戒処分から段階を経て行い、たとえ解雇に至っても懲戒解雇ではなく普通解雇を選択するといった対応が必要といえるでしょう。

（2）賃金請求権は発生するのか

使用者が発した業務命令に反した場合、賃金請求権が発生するのかという点は問題となります。その場合に労働債務が履行されたといえるか、という問題です。

この点、水道機工事件（最判昭和60・3・7裁判集民144号141頁［27613335］）は、使用者が出張業務・外勤業務を行うよう命令したのに対し、労働者がこれを拒否し、内勤業務に従事したという事案で、労働者が行った内勤業務は債務の本旨に従った弁済にはあたらないとして、賃金請求権は発生し

ないとしています。

　内勤業務に対する賃金については、「本件業務命令を事前に発したことにより、その指定した時間については出張・外勤以外の労務の受領をあらかじめ拒絶したものと解すべきであるから、上告人らが提供した内勤業務についての労務を受領したものとはいえ」ない、とされました。

　また、新阪神タクシー事件（大阪地判平成17・3・18労判895号62頁［28101693］）では、タクシー運転手が、乗務員証の表示とネクタイ着用に関する業務命令を拒否したまま乗務していた事案で、債務の本旨に従った弁済にはあたらないとして、賃金請求を否定しています。

　実際に賃金が発生するか否かは業務命令違反の内容や程度によって判断が分かれる可能性がありますが、労働者が業務命令に従うことを拒否しているケースでは、説得する際にこのような裁判例があることも踏まえて説明することもあり得るでしょう。

第 3 章

事例

第3章　事例

事例1

1 労働者がルールを守らず、反抗的なケース

労働者Aは入社して3年ほどになる営業担当者である。最近、日報の提出など社内のルールを守ろうとせず、外出中にどこでなにをしているかもはっきりしない。反抗的な態度も示すようになり、みかねて社長が注意をしたところ、「嫌なんだったら解雇したらいいじゃないですか。」などと言ってきた。

使用者としてどう対応すべきか？

2 解雇されたと主張しているケース

1の事例で、Aの言葉に対し、社長が売り言葉に買い言葉で「もう来なくていい。」と怒鳴ってしまった。そうしたところ、Aが解雇理由証明書を出すよう求めてきた。

使用者としてどう対応すべきか？

企業への
アドバイスを行う際のポイント

事例1は勤務態度が悪く、使用者からの指示にも従おうとしない労働者への対応が問題となっています。

労働者Aは、「嫌なんだったら解雇したらいいじゃないですか。」と発言するなど、使用者に対して挑発的な言動もみられ、みようによっては使用者に解雇をさせようという意図を持っているよう

〈事例1〉

にもみえるケースになっています。

このようなケースでは、使用者が労働者の態度に困り果てて、どうすればいいか、解雇したいが問題ないかといった形で相談になることが多いのが特徴です（❶のケース）。すぐに解雇した場合のリスクを踏まえ、どのような対応をしていくべきかについて、具体的に説明をしていく必要があります。

また、売り言葉に買い言葉のような形で解雇と言ってしまい、解雇無効の通知などが来た段階で相談につながることもあります（❷のケース）。すぐに解雇した場合のリスクを踏まえ、どのような対応をしていくべきかについて、具体的に説明をしていく必要があります。

挑発的とも取れるような言動を取ってきていることもあり、使用者としては解雇したいと考えることは無理からぬ所ではありますが、事案としては、解雇をした場合には訴訟や労働審判といった形で紛争につながる可能性が高いケースといえます。

解雇されたと主張してもいることに対し、どのように対応すべきか、具体的に示すべきケースです。

対応のポイント

【❶について】

1　すぐに解雇した場合の見通し

本件で相談後すぐに特段の対策を講じないまま解雇し、訴訟などで争われた場合、どのような展開が予想されるでしょうか。解雇の有効性の見直しを検討してみます。

（1）解雇の適否を考える上での３つのポイント

　解雇の有効性が争われた場合に検討すべきポイントは、大きく分けると３つあります。

　具体的には次の３点です。

〈1〉　解雇理由はなにか
〈2〉　解雇理由の立証の程度
〈3〉　解雇権濫用でないことを基礎づける事情及びその立証

　このうち、特に重要なことは、解雇理由の特定とその立証について（〈1〉と〈2〉）です。

　すなわち、労契法16条では、解雇について、「客観的に合理的な理由を欠き、社会通念上相当であると認められない場合」には権利を濫用したものとして無効になると規定されています。解雇が有効となるためには「客観的に合理的な理由があること」が必要で、さらにその理由による解雇が「社会通念上相当」と認められることが必要となります。

　一般に解雇権濫用法理と呼ばれるもので、日本においては、終身雇用の影響もあり解雇が厳格に規制されているといわれています。確かに裁判例などをみていっても、有効か無効かという点でみれば、解雇が無効と判断されているケースが圧倒的に多くなっています。

　ただ、実際に裁判例の中身をみていくと、解雇権の濫用といいながら実際には、使用者が主張する解雇理由が認定されなかったために解雇が無効と判断されている事案が相当数あることに気づかされます。

　例えば1000万円を横領したとして労働者を解雇した事案が争われた場合、1000万円の横領の事実が認定されれば解雇は有効と判断される可能性が高いでしょう。

　しかし、横領の事実自体が争点となり、使用者側がこれを立証できなかった場合には、なんの理由もなく解雇したものと評価されてしまいます。こ

の場合、当然ながら、客観的に合理的な理由を欠いた解雇として、無効と判断されることになります。

「解雇については解雇権濫用法理に基づいて、その有効性が厳格に判断されている」、ということを正しく理解し、評価するためには、単に解雇が無効と判断されている裁判例が多い、というだけでは不十分で、解雇理由の立証ができずに無効と判断されたのか、解雇理由は立証できたにもかかわらず社会通念の相当性が欠けるとして無効と判断されたのかを明確に区別して考える必要があります。

そして解雇について相談を受けるにあたっても、解雇理由を前提として解雇権濫用と評価されないか、という観点での検討はもちろん大切ですが、解雇理由について争われた場合にそれを立証するに足りる証拠があるのか、という点からの検討も重要な意味を持ってきます。

場合によっては解雇権濫用に該当するかということ以上に解雇理由の立証の可否が重要になってくることもあります。

このような意識から、実際の事案で解雇の可否を検討する上では、〈1〉解雇理由はなにかについて特定した上で、〈2〉解雇理由について立証出来るか、〈3〉立証できたとして解雇権濫用に該当しないか（解雇権濫用に該当しないことを基礎づける事情とその立証の可否）を区別して検討していくことが重要となります。

(2) 本件の検討

〈1〉 解雇理由の特定

これを本事例でみるとまず懸念される点は、解雇理由の特定が訴訟に耐えられるレベルになされているか、という点です。

事実関係としては、日報の不提出という事実と、「嫌なんだったら解雇したらいいじゃないですか。」と発言したという事実は出てきていますが、それ以外は抽象的な内容にとどまっています。

他にも社内ルール違反があるようであれば具体的に特定する必要があ

りますし、反抗的な態度という点に関しても、どのような事実関係から反抗的と評価したのかを掘り下げて議論していく必要があります。

〈2〉 解雇理由の立証

次に、日報の不提出という点を解雇理由として主張した場合に、提出していないことを立証するだけの証拠があるかを検討する必要があります。

提出はされているけれどもその記載が不十分・不適切という場合であれば、提出された日報自体が証拠になりますが、そもそも提出されていないケースだと、提出されていないこと自体をどう立証するかという問題があります。この場合、例えば提出を命じたという証拠を提出して、提出されていなかったことを裏付けていくことなどが考えられます。

また、日報の不提出が、社内ルールを守っていないことを基礎づける事情として解雇理由を示していくのであれば、前提としてルールが存在していることも立証の必要があります。明示的に提出を命じる命令が存在することを基礎づける証拠などの他、他の労働者が皆日報を提出していることなどを証拠とすることが想定されます。

すでに、これらの証拠が確保されていれば問題ありませんが、相談の段階では必ずしも十分な証拠がないケースの方がむしろ多いところです。

また、「嫌なんだったら解雇したらいいじゃないですか。」といった発言についても、録音などがされている場合はともかく、そのような証拠がないのであれば、言った言わないの水掛け論になってしまうことも懸念されるところです。

〈3〉 解雇権濫用

本事例では、解雇理由について立証ができたとしても、解雇権濫用と評価される可能性は十分にあります。

〈事例1〉

　日報の不提出という点についてみると、ルール違反に該当したとしても、裁判所としてはそれによって具体的な問題が使用者に生じているのかを確認し、具体的な不利益が使用者に生じていない（もしくは具体的な不利益を使用者が指摘できない）場合には、解雇権濫用と評価される可能性はむしろ高いといえます。

　また、これまでに注意や指導を行っているのか、といったことが問題にされることもよくあるところです。逆説的にいえば、注意をしていない場合、日報を提出していなくても問題が生じていないから注意をしていないのだと評価されることも予想されます。

　これに対し、「嫌なんだったら解雇したらいいじゃないですか。」という発言については、発言自体が認められた場合には解雇の正当性を基礎づける事情としては相応の重みを持つことは確かでしょう。

　ただ、このような発言を行った意図について、争いとなることは予想されます。

　使用者としては労働者が働く意思がない、使用者からの指示に従う意思がないことを明確に表明した発言であり解雇は正当だと主張することになりますが、労働者から、真意ではない、売り言葉に買い言葉だった、などと反論された場合、発言の意図は一義的に明確とはいえないところでしょう。

　また、そもそも解雇したらいいという発言が、就労意思がないことを基礎づけるのだとすれば、使用者としては解雇するのではなく退職届の提出を促せばよいのではないか？と受け止められる可能性は高いです。これは、解雇自体が「使用者の判断で」雇用契約を一方的に終了させるものであるという性質から、そもそも労働者が同意している退職を求めている場面は想定されていないためです。

　したがって、そもそもそのような促しをしていないとすれば、それは使用者側も退職する意思がないものと認識していたものとして評価される懸念があります（仮に退職届を出すように促したのに労働者が退職届

を提出しなかったとすれば、それは退職の意思はないことを示すと評価されるでしょう）。

いずれにしても、このような発言があるのだから当然解雇が有効になる、とはいえないところは注意が必要でしょう。

以上からすると、本件でいきなり解雇に踏み切った場合、解雇理由の特定・立証、権利濫用いずれの点からみても争われると解雇が無効と評価されてしまう可能性はかなり高いといえます。

2 基本的対応方針は？

相談時の状況では、解雇をして争われた場合に無効と評価される可能性が高く、いきなり解雇することは避けるべき状況であるとしても、使用者としては、労働者Aが行っている業務の状況すらも把握できない状態になってしまっており、問題がある状況であることは間違いありません。このままの状態が続くとなると、他の労働者のモチベーション低下など、職場全体に対する悪影響も懸念されます。

使用者として、適切な形で対応し、状況を改善する必要性は高いといえますし、最終的には改善に向けて使用者側として行うべき事を行ったにもかかわらず改善されず、解雇という決断を迫られる可能性は十分にあり得ます。

したがって、相談を受けた上でのアドバイスとしては、①労働者Aの問題点を改善すること、②問題が解決されずに最終的に解雇を決断する場合に、解雇が無効と判断されないための事情とそれを基礎づける証拠を確保していくこと、という両方の局面をにらんだものが求められます。

もっとも、使用者が適切な手段を講じた結果、問題が改善されれば解雇の理由はなくなります。それでもなお解雇をしようとすることは、問題がないのに解雇したものとして客観的に合理的な理由を欠く解雇として無効となることは明白です。

〈事例1〉

　反対に、解雇理由解消のために適切な手段を講じずに解雇をした場合にも解雇は無効と判断される可能性が高いことは先に述べたとおりです。

　まずは問題の改善に向けた取り組みが先にあり、手段を尽くしても改善されなかった場合に、初めて解雇するか否かが問題となる、という順序はしっかり意識しておく必要があります。

　時折、何がなんでも解雇したいとして改善への指導を行うことに難色を示されるケースがあったりしますが、丁寧に説明し、理解してもらう必要があります。

　以上を前提として、本件で、具体的にどのような形で対応していくべきかを検討していきます。

3　具体的対応策1
〜日報の不提出など、社内ルールを守らないことについて〜

　まず、相談の中で労働者Aの問題行動として明示的に指摘されている、日報を提出しないという、いわば所内ルールを守らないという点についてです。

(1) 本事例の特殊性

　そもそも今回の相談の事例はある意味特殊な事例です。

　使用者の訴えによれば、労働者Aは使用者が定めるルールを守らない、使用者に対して反抗的な態度を取り、あろうことか嫌なら解雇すればいいなどと言ってきている、というのであって、まるで労働者の方が強い立場にあるかのようにみえます。

　労働法が本来想定している、弱い立場にある労働者を保護するという状況からは真逆の状況にあります。このような事態は、本来の雇用関係の中では想定されていません。

（2）対応策の出発点は「明示的な業務命令」

　本事例で使用者としてとるべき対応策を考えると、出発点は、労働者Aに対して、社内のルールに従うよう明示的に指示を出していくことになります。

　すでに繰り返し述べていますが、雇用契約に基づいて、使用者は労働者を指揮命令する権限を保持しており、労働者は指揮命令に従う義務があります。使用者が行った指揮命令を労働者が無視し、それに従おうとしないのだとすれば、それは雇用契約の最も本質的な債務の不履行そのものです。

　もっとも、相談の段階では、労働者Aが、使用者から明示的な指示があればそれに従うのか、それとも明示的に指示をしたとしても従おうとしないのか、は不確定です。

　今後の対応を考えていく上では、この点を明確にしておくことは絶対に必要なステップになります。

　このようにいうと、使用者からは、そんなことを言ったところで絶対に従うはずがない、といった意見が出されることがあります。ときには、そんなことをするのは時間の無駄だからさっさと解雇をしたい、といわんばかりな態度を取られることもあります。

　ただ、実際に社内のルールを無視して好き勝手なことをしている労働者であっても、これまでに勝手なことをしていても処分などされなかったことに味を占めてどんどん態度を悪化させているようなケースもあります。このような場合、使用者が厳しい姿勢を示すと途端に態度を改めるケースは少なくありません。

　場合によっては、これまでのように好き勝手なことができなくなったことがわかった途端に退職の意向を示すケースすらあります。

　このような形で問題が改善されれば一つの好ましい解決となります。

　また、仮に明示的な指示を出したにもかかわらず労働者Aが指示に従おうとしなかったとしても、使用者としては最終的な問題解決に向けたステップを踏んだことに変わりはありません。

〈事例1〉

つまり、最終的に解雇を決断することとなり、解雇理由として業務命令に違反した、と主張する場合に、「そもそも使用者からの明示の業務命令がない」、という反論を明確に排斥することが可能になることは非常に重要な意味をもちます。

まずは明示的な形で業務命令を発していくことが重要です。

（3）具体的な指示のあり方

では、実際に業務命令を出すときはどのようにすれば良いでしょうか。

ア　必ずしも命令という言葉を直接使う必要はない

まず、明示的に業務命令を出しましょうというと、「従業員に対して命令という言葉を使わないといけないのですか？」と聞かれることがあります。

この点、本書の中では、業務命令という言葉を用いていますが、実際には必ずしも命令という表現を使わなければならないわけではありません。労働者との関係性を考えれば、別の表現を用いるべきケースはいくらでもありうるところかと思います。

ただ、その中でもはっきりと意識しておかなければならないのは、雇用関係にある以上、使用者は労働者に対して、一定の行為を命じる権限を持っているという点です。

命令という言葉を使うべきかどうかは別として、労働者に特定の行動をするように指示していることは一義的に明確にしていく必要があります。

イ　形に残るやり方で命令する

次に大切なポイントとしては、実際の業務命令は、形に残るやり方で出す必要があるということです。

将来的に紛争になってしまった場合に、証拠として確保する必要があ

りますので、少なくとも口答の指示だけで済ませて、言った言わないの水掛け論になることは避ける必要があります。

例えば、口答で命令をした場合でも、口答で業務命令の内容の確認、という形で記録に残す形で別途伝えていくべきです。

もっとも、必ずしも書面である必要はなく、メールやチャットなどで送信する形で問題ありません。

以前、指示書を机の上に置いておいたところ、そもそも置いてなかった、置いてはあったが見ていない、などと反論されて紛争になったケースもあります。

指示を出していく初期の段階では本人から受領のサインを取ることなどはあまり現実的ではないことも想定されますので、メールやチャットなどの方が適切なケースもあり得ます。

〈これまでにも口頭の指導をしているケースでの証拠化の方策〉

実際に相談に来られている段階で、これまでに何度か口答で指示をしているが改善されない、といった状況にあることも少なくありません。

指示や指導を受けたことを本人が認めるとは考えにくい場合に、本人に否定されたら指導をしてきたことはなかったことになってしまうのかと懸念されるところです。

このように、これまでにも指示はしているものの証拠は確保できていないような場合には、対応策として、書面での業務命令を出す際に、これまで口頭で指導してきたことを記載していくことが考えられます。

例えば、次のような表現を入れることが考えられます。

〈例〉

これまでにも複数回にわたって日報を提出するように指示してきましたが、いまだに日報の提出がされていません。

この文面を交付した後のやりとりの中で、これまでにも指導を受けてきたことを本人が否定しないとすれば、それは黙示的にこれまでも指導を受けていたことを認めたものとして、こちらの主張を基礎づける根拠として主張していくことが可能になります。
　積極的に自認させることは難しかったとしても、こちらが指摘した事実を否定していないという消極的な自認も一つの証拠確保の手段として検討すべきでしょう。

　　ウ　改善を求める事項を具体的に特定して指摘する
　実際に業務命令を出すにあたっては、改善を求める内容について、可能な限り具体的に特定して指摘し、一義的に明確にしていくことが重要です。
　今回の事例で問題となっている日報の提出ということであれば、日報を提出せよということは当然として、あらためて日報の提出方法に関する社内ルールも記載していくことが想定されます。
　子どもの喧嘩のような話になってしまうのですが、実際に日報を提出するしないといったことが問題となった事案で、上司宛にメールで提出することとなっているにもかかわらずわざわざプリントアウトして上司のデスクの上に置いていたようなケースがあり、日報を提出したのか否かが問題となった事案がありました。
　使用者からしてみれば、わざわざルール違反をしていて、大問題であると主張する一方で、労働者からは実際に提出していたし、提出のルールは決まっていなかったなどと主張され、混迷を極めました。
　無用な争いを避けるという観点からも、命令の内容としては、可能な限り一義的に明確にしていくことが求められるところです。
　なお、日報の提出以外にもルール違反行為があり、それについても改善を求めるのであれば、まとめて指摘していく方が好ましいところです。使用者が認識していたにもかかわらず指摘をしていなかった場合、将来

紛争になった場合に、重要な問題ととらえられていなかったから指摘していない、などと反論されることが懸念されるためです。

そのため、業務命令を出すのに先駆けて、他の労働者からのヒアリングなどを行い、問題点の洗い出しをしておくことが適切でしょう。

もっとも、問題行動の洗い出しに過度に時間がかかり、現実の注意が遅くなることも避ける必要があります。

後から発覚したルール違反行為であれば、その都度指摘をしていくことも可能ですので、ある程度洗い出しを行ったところで命令を出していくべきでしょう。

エ　業務への影響が生じている場合はその点を明示する

実際に業務命令を行う中で、その業務を労働者が行っていないことによって実際に業務上の不都合が生じているようなケースであれば、その点を具体的に指摘していくことが適切です。

例えば、本事例の日報の提出ということであれば、使用者として労働者の勤務状況を確認する必要があるにもかかわらず、日報が提出されないことで勤務状況が把握できていないという不都合が生じていることが指摘できますし、さらに日報の不提出によって取引先との間で具体的なトラブルが生じたような場合にはその内容も指摘できます。

命令を出されても改善をしていないにとどまらず、具体的に不都合が生じており、そのことを指摘されて改善を求められているにもかかわらず改善していない（もしくは改善しようとしていない）ということになれば、その問題の深刻さはより明確になります。

使用者として現実の不都合が生じているのであれば、その点は明確に指摘した上で改善するよう業務命令を出すべきところです。

オ　改善されない場合は処分の対象となる可能性がある旨を示す

業務命令として指示したにもかかわらず改善されない場合、次のス

テップとしては懲戒処分などを含めた対応が想定されます。

　業務命令に違反すれば処分の対象となることは当然なのですが、いざ処分が検討される段階となると処分の対象となるとは聞いていなかった、などと反論されて問題が大きくなることがあり得ます。

　そのため、雇用関係にある以上は、業務命令に従うのは労働者としての義務であること、これに違反した場合には処分の対象となりうることをあらためて明示的に示し、使用者として改善の機会を与えたことを明確にしておくことが適切でしょう。

　当然ながら処分の対象となりうることを認識した上で、殊更に改善を拒んだということになれば、命令違反行為の悪質さを基礎づける事情にもなります。

　以上を踏まえると、例えば本事例では次のような内容を告知していくことが考えられます。

〈サンプル〉

> 労働者A殿
>
> 　営業担当者は、実際の業務の状況についての報告として、毎日終業時刻までに所定の書式に従った日報を作成し、上司に対してメールで送信することとされています。
>
> 　しかしながら、貴殿からは日報の提出がなく、営業状況など確認できない状態となっています。
>
> 　上記のとおり日報の提出は社内のルールになりますので、ルールに従って提出してください。
>
> 　仮に今後も日報の提出がなされない場合、社内ルールへの違反に該当し、懲戒処分を含めた処分の対象となる可能性がありますので、注意してください。
>
> 　なお、日報の書式等、不明なことがある場合は、○○まで連絡

> してください。

（4）業務命令後の対応

　以上のような形で業務命令を発した結果、ルールに従う形で状況が改善された場合には、それは一つの結果として受け止められます。

　指摘した問題点が改善されたにもかかわらず、使用者が解雇を希望するような場合には、別の解雇理由を探す必要があるでしょう。

　他方で、命令を出したにもかかわらず、それに従おうとしないこともあります。

　この場合の対応については、この後の、反抗的な態度への対応と共通する部分がありますのでそちらとあわせて説明をしていきます。

　この他、業務命令に従ってはいるものの不十分だったり、不適切な内容だったり、ということもあります。

　この場合は、再度業務命令として改善を求めるか、もしくは従っていないものと評価して対応していくか、内容や状況に応じて選択することとなります。

　その場合、判断にあたっては、改善が不十分、不適切な理由について、故意によるものなのか、そうでないのか、が大切なポイントになると考えられます。

4　具体的対応策2
〜業務命令に従わなかった場合や反抗的な態度への対応〜

　本事例で問題となっているように、労働者Aが、「嫌なんだったら解雇したらいいじゃないですか。」などと発言した場合や、明示的に業務命令を出して、ルール違反について改善を求めたにもかかわらず改善しなかった場合に、どのように対応していくべきでしょうか。

〈事例1〉

（1）重大な問題行動であっても解雇権濫用と評価される危険性はどこにあるのか？

　使用者に対して「嫌なんだったら解雇したらいいじゃないですか。」などと発言したことや、明示的に業務命令を出して、ルール違反について改善を求めたにもかかわらず改善しなかったことは、労働者の客観的言動としてみると、かなり問題がある内容ということができます。

　ただ、実際にこのような重大な問題行動がある場合であっても、当然に解雇が有効になるとは限りません。そのような言動をとった理由・背景によっては解雇自体が権利の濫用と評価される危険性はあるところです。

　すなわち実際に解雇をして紛争になった場合、そのような言動をした理由について労働者なりの説明や反論が加えられます。

　紛争の中で、解雇が無効であることを根拠づけるために主張をしていく内容ですので、自身の言動を正当化したり、やむを得ない事情があった、などの主張がなされることが予想されます。

　つまり、労働者は自身の言動の意味・評価を覆すためにその前後のやり取りなどを主張したり、言動の意図（主観面）を主張したりします。

　このような主張がされた場合に、使用者としては、そもそも労働者側が主張する内容自体が虚偽であるなどと反論したり、仮に事実だったとしても言動は正当化されず、解雇権濫用には該当しない、という反論をしていくことが想定されます。

　その上で、双方の主張を踏まえ、権利濫用に該当するか否かを裁判官が判断をしていくことになりますが、労働者側の主張によってはそのような言動を取ったこともやむを得ない、と判断され、解雇が無効とされる危険性も少なくありません。

　このように、労働者がなぜそのような言動を取ったのか、という点について反論されることが予想されるにもかかわらず、それを解雇に先駆けて使用者が確認をしたり、ましてや使用者によってそれが証拠化されていることは少ないのが実情です。

結果的に、訴訟などの紛争になった後の見通しを立てることが困難になってしまっている側面は否定できないところです。

（２）主観面が解雇の有効性を基礎づける要因となることも

　他方で、労働者に就労意思がないことや、使用者からの指示に従う意思がないことを明確に立証できたような場合、そのこと自体が解雇の有効性を基礎づける決定的な要素となることもあり得ます。

　雇用契約においては、労働者は使用者の指揮命令に従って就労する義務を負っており、この債務を履行する意思がなく、指導をしても改善も見込めないようであれば、雇用契約を継続し得ないことは当然でしょう。

　近時の裁判例でも、近畿車輛事件（大阪地判令和3・1・29労判1299号64頁［28320443］）では、「原告の懲戒処分歴、これを含めた被告の注意・指導に対する原告の反省・改善の欠如、一連の原告の言動から窺われる被告への反発や勤務意欲の低下・喪失及びその顕在化の程度及び態様等を併せ鑑み」た上で、解雇は有効と判断されています。

　この裁判例では、労働者が、スケジュール共有を目的としたグループウェアに「寝坊しなければ出勤」、「会社に来たくないから休み」、「ある上司が嫌いなので、一人ストライキ」などと書き込み、注意を受けたにもかかわらず改善がない上に、かえって、上司の指示・命令に従わない旨のメールを上司及び総務・人事部に発信したため、今後上司の指示・命令に従わない行為を確認した場合には懲戒解雇処分とする旨の警告書が発せられています。

　また、反省文の提出を求められた際には、作成日を「皇紀2075年1月5日」とする反省文を提出し、同反省文には、「私は、今回の件について反省する事はまったくございません。建前上の反省文を提出致します。」などと記載されており、さらには「スケジュールへ業務外の内容の書き込みを行った事、及び警告書にて警告を受けた事について、賞罰委員会より反省文の提出を求められましたが、私は総務部に反省の意を示したく無い方がおり

ますので、反省文の提出を拒否させて頂きます。今後、反省文の提出を求められた場合は反省文提出の強要と受け止めさせて頂きますので、ご理解の程宜しくお願い致します。」と記載した書面を提出しました。

その後、労働者は、パンダの被り物をかぶって出勤し、これに対して指導を受けると反発し、さらには勤務時に入門する際に入門証の所属欄に「アホぶちょーがいるけんかい」などと記載するなどしています。

労働者自身が明示的に指示に従う意思がないことなどを表明し、注意・指導にも反発する意思を示しており、客観的な言動としても問題の大きな事案であることからすれば解雇が有効と判断されるのは当然といえるでしょう。

（3）「弁明書」の提出を命令する

以上のような観点を踏まえ、使用者として積極的に活用したいのが「弁明書」というものです。最終的な解雇の妥当性の判断に先駆け、労働者に対して弁明書を提出するように命じます。

ここで、弁明書と聞いてもあまり馴染みがないかもしれませんが、特に難しいものではありません。読んで字のごとく、弁明を記した書面のことです。本事例であれば、労働者Aに対し、「どうしてこのような不適切な発言を行ったのか」について、弁明を記した書面を提出するよう求める（命令する）のです。

ルールに従うよう命令を出したにもかかわらず、従わなかったという業務命令違反の点についても同様に弁明書の提出を命じることが考えられます。

〈サンプル〉

> 労働者A殿
> 　貴殿は、○月○日、午後○時○分ころ、当社事務所内において、代表者甲から勤務態度について注意を受けた際、甲に対して、「嫌なんだったら解雇したらいいじゃないですか。」という発言を行いました。
> 　当社としては、当該発言は業務上の注意を受け入れないにとどまらず、就労意思がないことを表明したものともみて取れる内容で、問題があるものと理解しています。
> 　場合によっては懲戒処分を含めた処分を検討する必要があるため、貴殿がこのような発言を行った理由について説明を求めると共に、当該発言をしたことについて現時点においてどのように考えているか、説明を求めます。
> 　○月○日午後○時までに、○宛にメールにて提出してください。

このような形で弁明書の提出を求めることの意味としては次のようなものがあります。

ア　なぜそのようなことをしたのか、という**主観的な事情が把握できる**

前記のとおり、客観的にみて不適切な言動があったとしても、主観的な事情によっては解雇権濫用と評価される危険があります。

最終的に処分をするのか否かを判断する前に、労働者がなぜそのようなことをしたのか、という主観的な事情を把握しておくことは非常に重要で、そのためには労働者自身から理由を説明してもらうのが最も適切です。

〈事例1〉

イ　弁明の内容によって、類似のトラブル発生の可能性が予測できる

　主観的な事情が把握できることによって、似たようなトラブルが再び発生する可能性がどの程度あるかを予測することが可能になるという効果があります。

　例えば、本事例の中では、解雇すればいいといった発言が問題となっていますが、全く同じ発言を繰り返すことは想定しにくいところです。

　ただ、例えば弁明書の中に使用者に対する不満が強行に記載されていて、自身を正当化しようとする姿勢がみられるとすると、全く同じ発言ではないものの、類似の問題発言を行う可能性は高いと評価可能でしょう。

　処分の有効性を判断する上で、同種トラブルが再びおこる可能性がどの程度あるかは重要な意味を持ちますので、この観点からも弁明書の提出を求める意味は大きいといえます。

ウ　労働者側の主張を特定できる

　弁明書が提出された場合、労働者の主張を明確に把握できます。そして仮にその後紛争となった中で、別の主張が出されたとしても、一般的に変遷している主張の信用性は低く評価されることが多いです。

　したがって、事前に弁明書の提出を求めることで、弁明内容を事前に把握していくことが可能となり、さらに、紛争になった後の主張が奇妙に変遷することを抑止したり、変遷した場合には信用性を大きく減じることができるという効果が期待できます。

エ　適正手続が担保される

　弁明書の提出を求めることの重要なポイントとして、処分を行う場合の手続の適正さが担保されるという点があります。

　特に懲戒処分を行う場合には、いわゆる罪刑法定主義の観点から処分の有効性を判断するにあたって、適正手続が履践されているかは重要な

意味を持ちます。

　処分の対象となる労働者の意見を聴取する機会を設け、意見を踏まえた上で処分を行った、という手続が踏まれていることは、処分の有効性を担保するための重要な事実となります。

オ　発言のように、直接の証拠がないとしても、補助的な証拠の確保が期待できる

　弁明書の提出を求めることのもう一つの重要な意味としては、証拠が確保できていない事実について、証拠を確保する方向で活用することが考えられます。

　本事例のケースでは、「解雇したらいいじゃないですか。」という発言については、突発的なやりとりで録音などはされていないと思われます。

　そのため、そのような発言をしたか否かが争われた場合には、そのときに周囲にいた他の労働者の証言などで立証していくことが考えられますが、弁明書自体も証拠となり得ます。

　発言内容を特定し、そのような発言をした理由について弁明を求めた場合に、提出された弁明書で発言したことを前提として弁明がされているのであれば、それは消極的に事実を認めた証拠と評価可能です。

　弁明書の提出を求めることと、提出された弁明書がこのような形で意味を持つこともある点は重要なポイントといえるでしょう。

カ　提出してこなければ不提出の事実自体が業務命令違反となる

　もう一つ大切なポイントとしては、弁明書の提出自体を業務命令として発することで、弁明書が提出されない場合には、その不提出の事実も一つの業務命令違反として構成される点が指摘できます。

　すなわち、弁明書の提出を求める目的は、単に労働者からの弁解を聞くためではありません。

　弁明とは「事情などを説明してはっきりさせること」であって、弁明

書は、使用者が問題と考える言動があった場合に、それについて事情を確認するためのものです（前記のサンプルもそのような趣旨で記載されています）。

したがって、弁明書を提出しないということは、使用者から言動について説明を求められたにもかかわらず、それを説明しようとしないということに他なりませんので、これも1つの業務命令違反として、当該労働者の問題性を基礎づける事情と評価することも可能でしょう。

なお、弁明書の提出を求めたにもかかわらず提出しないということは、申し開きをするべき事項はないものとして取り扱って差し支えないという趣旨としてとらえることも可能でしょう。

（4）「注意」ではなく「命令」、「反省文」ではなく「弁明書」を活用する意味

さて、ここまでの内容を読んで、業務命令、弁明書というのは、要するに解雇をするためには注意を繰り返す必要がある、ということを業務命令と言い換えているだけではないか、反省文を提出させて証拠を確保するところを弁明書と言い換えているだけではないか、と思われた方もいらっしゃるかもしれません。

確かに、本書で言っている「業務命令」と、「注意」とは、いずれもなにかしらの問題のある状態を改善することを目的としている点で共通する側面があることは間違いありません。

ただ、注意という場合には、一定の非難（価値判断）が伴うのに対し、命令は必ずしも非難が伴うわけではなく、単に一定の行為をするように指示しているという点で差異があると考えられます。

また、反省文という場合には、自身が行った一定の行為を悔い改めることが前提にあり、心情に深くかかわるのに対し、弁明書の場合には、事実としてなぜそのような行為をしたかの説明を求めるだけですので、どのような心情であろうと、提出することは可能です。

つまり、業務命令、弁明書を用いるということは、労働者が行ったことに対する非難や、反省の意を表明させるような心情的な観点を排除し、フラットに事実だけに焦点をあてることに重要なポイントがあります。

　注意をしたことに対して、労働者から「自分は悪くないのに注意をされた」という反論をされたり、「自分は何も悪くない（当然ながら悪くないと思っている以上反省もしていない）のに反省文を出すように強要された」といった反論をされる場合、労使間の感情的な対立がさらに悪化しかねません。

　その結果として関係性の改善が困難となったとしても、関係が悪化した主たる原因がどちらかといった争いは残ります。

　むしろ、注意や反省といった心情的な部分はいったん排除して、指示に従ったか否かを議論の中心にしていくことが対応として重要になります。その観点から業務命令、弁明書を活用することが適切と考えているということです。

（5）ミスが多いなど能力不足の事案との違い

　では、注意や反省文の提出を求めることはないのかというと、そんなことはありません。事案によって適切な対応が異なっているというだけで、注意や反省文といった対応を取ることが適切な場合は当然あります。

　例えば、労働者の能力が不足していて、ミスを繰り返している、いわば過失によって問題行動が繰り返されているケースです。

　これは、業務としては行っているけれども、その業務遂行の中でミスが発生しているケースですので、一定の業務を行うように指示をしても意味はありません。過失によってミスが繰り返されているのであれば、注意をして、再度同じ失敗を繰り返させないようにする必要があります。

　また、実際に業務をしている中でミスを犯し、業務上不都合な事態を生じさせたのだとすると叱責されるのもやむを得ないところといえますので、反省文、始末書などを提出させ、再発防止に向けた注意喚起を行うこ

とも適切でしょう。

　過失によるミスの事案で弁明書の提出を求めるとなると、そもそものミスの原因について過度な反省を強いることになりかねません。場合によっては能力不足であることを自白させるような内容を求めることになりかねず、それ自体がパワー・ハラスメントとの非難を受ける危険性もあります。

　このように、本事例のようにいわば故意的にルールを破ったり、不適切な発言を行っているようなケースでは業務命令、弁明書といった対応を取り、能力不足のケースなどでは注意、反省文といった対応を取るという形で、事案毎にその問題の本質をとらえて、適切な手段を選択することが求められています。

（6）弁明書が提出された後の判断

　実際に弁明書が提出された場合、一言で弁明書といっても、実際には反省文といった内容になっている場合もあれば、自らの正当性を声高らかに訴えるもの、使用者への非難を繰り返すものなどその内容は様々です。

　ただ、少なくとも弁明書が提出された場合には、労働者側の主張は主観的な面も含め、ある程度使用者として把握できたといえます。解雇をした後の訴訟の中で想定外の主張が飛び出してきて困惑するといった事態は相当程度回避できるといえるでしょう。

　使用者としては、当該弁明書の記載内容を踏まえて、当該労働者への対応を検討していくことになります。

　例えば、明確に反省の姿勢を示しているような場合には、この時点で解雇を決定することは権利濫用と評価される可能性が高いでしょう。この場合、今後の態度などで確認をしていくことになります。

　他方で、弁明書の記載内容から、使用者の指示に従う意思がないことが読み取れるようなケースであれば、躊躇なく解雇を決断すべき場合もあり得ます。

　記載内容を踏まえても、どのようにしていくべきか判断に迷うような場

合には、さらに労働者と対話を図って行くこともあり得るでしょう。

なお、弁明書の記載内容に趣旨が不明確な内容があることも想定されます。

このような場合には、再度当該部分について説明を求めていくことになると思われます。

5 労働者が反抗的という使用者からの主張にどう対応するか？

(1) 予測がつけにくい価値判断を巡る争いをいかに回避するか

次に、念のため、労働者が「反抗的な態度を取っている」という使用者の主張について、どう対応するべきかについても触れておきたいと思います。

ア 反抗的な態度とはなにか？～言語化する必要性～

まず、使用者は労働者Aの態度を「反抗的である」として問題視しています。

反抗的なのかそうでないのかは、使用者としてはみればわかると言われるかもしれませんが、労働者から反抗的な態度は取っていません、と返されれば水掛け論になってしまいます。

改善を求めるにしても、仮に解雇をして紛争になった場合に主張するにしても、具体的に言語化して説明していくことは不可欠です。

労働者の具体的な言動を指摘し、その言動に対してどのような評価をした結果反抗的と評価したのかを論理的に説明することが求められることになります。

したがって、まずは具体的な言動を特定した上で、その言動が反抗的（労働者として不適格）なものであることを説得的に示す、という2段階の対応が必要になります。

まずは問題となる具体的な言動を特定し、かつそれが立証できるかを検証する必要があります。

イ　規律違反で正面から戦うリスク

　次に、反抗的と評価する根拠となる事実をピックアップすることができたとしても、実際に反抗的といった内容で争うとなると、非常に難しい問題にぶつかります。

　その言動が反抗的な態度そのもので、労働者として不適格であると主張したとしても、労働者側はそのような意図に基づくものではないと反論することが予想されます。

　そのため、紛争になった場合、労働者の言動には問題があるという使用者の主張と、問題は無いという労働者側の主張が正面からぶつかり、裁判所としてはどちらが正しいかという非常に価値評価の側面が強い判断を迫られることになります。

　結果として、よほど誰からみても問題がある言動でない限り、解雇権濫用に該当すると判断されるリスクを抱えています。要するに、当該事実から反抗的と評価して労働者の態度に問題があると評価することも可能だが、明確に問題があると断言まではできないとして解雇権濫用にあたると評価される危険があるということです。

　少なくとも解雇するか否かを決断する上で、このようなリスクを抱えることは好ましい状態とはいえません。

ウ　戦いの土俵を規律違反から業務命令違反にスライドさせる

　このようなリスクを回避するための手段として、使用者としては、①前提として使用者としての価値判断についての見解を示し、②労働者に対して、その価値判断に沿わない言動を改善するよう業務命令を出す、というステップを踏むことが考えられます。

　このように書くとなにか小難しい議論をしているように思われるかもしれませんが、実際には先ほど日報の提出で示した手順と共通しています。すなわち、①日報を提出するという社内ルールがあることを示した上で、②不提出という社内ルールに沿わない行動を改善するよう指示を

出している、ということなので、やろうとしていることは同じです。

　例えば、注意をすると舌打ちをする、といった態度を問題視している場合であれば、①注意を受けたときに舌打ちをするということは、注意に対して不満を持っていると受け止めてしまう、という価値判断を示した上で、②舌打ちをしないように指示を出す、といった形です。

　これは、労働者に対して改善を求めるためのコミュニケーションを取っているのであれば、その中では通常は使用者としての価値判断を示し、改善を求めていると思われますので、殊更に特別なことをしようとしているわけでもありません。

　ただ、ここでも大切なポイントは、価値観を示すことについても、改善を求める命令を出すことについても、いずれも明示的な形で、業務命令として出していくことです。

　このようなステップを踏んだ場合、解雇の理由は、使用者が問題と評価して改善を求めた言動が改善されなかった、ということで、要するに業務命令違反という枠組みに入ってきます。

　この場合でも、そもそも使用者が示した価値観が妥当なのか、という争いはあり得ますが、労働者側の価値判断と使用者側の価値判断のどちらが妥当なのか、という判断だけを裁判所が行う状況ではありません。

　仮に価値判断の妥当性としては労働者側の主張に分があるという評価になったとしても、使用者が示した指示に従わなかったことの妥当性は問題となり得ます。

　例えば、使用者が示した価値判断に全く聞く耳を持たず、一切従おうとしなかったとすれば、少なくとも使用者の判断が不合理でない限り、従うべきだったのに従わなかったことは問題である、と判断される可能性は高くなるでしょう。

　つまり、なぜ従わなかったのか、使用者とはどのようなやりとりをしたのか、といった、価値判断の妥当性以外の広い事情が問題となってくるのです。

これらについては使用者としては適切なやりとりを経ていくことで、収集していくことは可能です。

　このようなやりとりを経た上で、解雇するか否かを判断するのだとすると、単純にどちらの価値判断が妥当と評価されるかの見通しを立てていくことは容易になります。

　つまり、使用者としては、先に示したようなステップを踏んで行くことで、規律違反行為による解雇という枠組みから、業務命令に違反したことを理由とする解雇に枠組みを変えることが可能になります。

　見通しの立てやすい状況にしていくという観点からは、非常に重要な観点といえるでしょう。

　そして、議論をこの様な形で進めていく上では、価値観の提示及び改善の指示を明示的な形で業務命令として発していくことが出発点となります。

6　退職勧奨

　以上のような手順を踏み、労働者の問題のある言動について改善を求めていくとともに、それが改善されずに最終的に解雇を決断する場合に備え、客観的な言動について立証できるに足りる証拠の確保と、そのような言動を行う理由などの主観的事情についての証拠の確保を図ります。

　その結果を踏まえて検討した結果、使用者として問題と考えている労働者の言動が改善されず、雇用を継続することはできないという結論に至った場合、解雇に先駆けて退職勧奨を行うことが適当でしょう。

　もっとも、本事例のケースでは、労働者Ａは嫌なら解雇すればよいといった発言をしているのであり、自発的に退職届を提出する可能性は低いように見受けられます。

　退職勧奨に対して、労働者が明確に退職届を提出しない意思を示している場合に、なお継続して退職を勧奨し続けることは、退職強要として違法性を帯びる危険性が高まります。

退職勧奨を受けた結果、自主退職の形で解決することができれば、使用者としては好ましいことに間違いはありませんが、自主退職が期待できない場合には、速やかに解雇の手続に切り替えて行くべき事案があることには注意が必要です。

7　最終的に解雇する場合の留意点

解雇する場合に事務的な点でのミスが解雇の有効性の判断に大きな影響を及ぼす可能性がありますので注意が必要です。

(1) 普通解雇なのか懲戒解雇なのか

まず、行おうとしている解雇が普通解雇なのか、懲戒解雇なのかを明確にしておく必要があります。

両者は使用者側の一方的な通告によって雇用契約を終了させるという点で、解雇としては共通しますが、その法的性質は全く異なります（詳細は押さえておきたい法律知識「4　普通解雇と懲戒解雇」を参照）。

両者の違いを正しく理解した上で、普通解雇をするのか、懲戒解雇をするのかを決める必要があります。

ただ、一般的に普通解雇よりも懲戒解雇の方が解雇の有効性は厳格に判断されます。そのため、普通解雇としては有効であっても懲戒解雇としては無効という判断がされる可能性が出てきます。

制裁としての解雇であることを明確にする強度の必要性がある場合を除いては、普通解雇を選択しておいた方が適切なケースが多いといえます。

(2) 懲戒解雇を選択する場合は予備的に普通解雇も行っておく

基本的には普通解雇を選択する方が好ましいとしても、事案の性質などによって、懲戒解雇を選択する場合があります。

ただ、この場合に争いとなって、懲戒解雇であったが故に解雇が無効と判断される危険はなんとしても避ける必要があります。

そこで、懲戒解雇を選択する場合には、予備的に普通解雇も同時に行っておくことが適切です。

解雇通知書に、次のような形で記載することになります。

〈サンプル〉

> 解雇通知書
>
> 　　　　　　　　　　　　　　　　　　　令和○年○月○日
>
> 労働者A殿
>
> 　　　　　　　　　　　　　　　　　　株式会社○○
> 　　　　　　　　　　　　　　　　　　代表取締役　○○
>
> 　就業中の、業務命令違反が繰り返され、改善の見込みがないことから、当社は、貴殿を就業規則第○条、同第○条の規定に基づき、本日付で懲戒解雇します。
>
> 　なお、訴訟手続の中で懲戒解雇が無効と判断された場合に備え、予備的に就業規則第○条、同第○条の規定に基づき、本日付で普通解雇します。

（3）解雇通知書・解雇理由証明書の記載は正確に行う

解雇通知書には、解雇の理由を簡潔に記載するとともに、就業規則に定める解雇の根拠条文を示すことが一般的です。

就業規則の根拠条文は、普通解雇なのか懲戒解雇なのかを判断する根拠となりますし、具体的に就業規則に定められているどの解雇理由に該当するかが重要な意味を持つことは珍しくありません。

引用が誤っていた場合には、そのこと自体が新たな紛争を招きかねませんので、就業規則に照らして適切な条文を引用する必要があります。

また、解雇理由証明書は、労働者から求められた場合には遅滞なく交付することが義務づけられています（労基法22条）。

この記載内容も、使用者が解雇を判断するにあたって根拠とした事情として重要な意味を持ちます。

どこまで記載するかは事案によっても異なりますが、解雇が正当であることを基礎づける資料として、その記載は正確であることが必要です。

【 2 について】

1　そもそも解雇していないことを明確に告げる

2のケースは、労働者Aの発言に対して、社長が売り言葉に買い言葉で「もう来なくていい。」と怒鳴ってしまった、という事例です。

労働者Aは解雇理由証明書を求めてきていますので、解雇されたものと認識しているものと考えられます。

もっとも、そもそも口論の中の勢いで、「もう来なくていい。」と言ってしまったとしても、確定的に解雇の意思表示をしたわけではないことの方が多いでしょう。

そうだとしても、解雇理由証明書を交付した場合には、仮に発言の段階で解雇したと評価できない場合でも、事後的に解雇を追認したと評価されたり、解雇理由証明書を交付した段階であらためて解雇の意思表示を行った、などと評価される可能性は高くなります。

1のケースでみたとおり、このタイミングで解雇をして争われた場合には、解雇は無効と評価される可能性の方が高いと考えられますので、解雇をすべき状態にはありません。

対応としては、解雇していないことを明確に告げ、解雇理由証明書の交付は拒否することが適切です。

また、労働者が、解雇されたものとして欠勤している場合には、解雇はしていない以上、従前どおり出勤することを明示的に伝えておくことも重要になります。

2　解雇したと判断された場合に備えて、解雇撤回の意思を表示しておく

　もっとも、労働者に対し解雇はしていない、と伝えたとしても、労働者側はあくまでも解雇されたと主張してくることはあり得ます。

　ケースによっては使用者が解雇はしていないと伝えているにもかかわらず、代理人から解雇権濫用であり解雇は無効であると主張する内容証明郵便が送付されてきたりします。

　このような場合には、解雇したか否かが長期間にわたって不明確な状態におかれることは好ましくありません。雇用が継続しているのであれば、勤務すべき義務があるにもかかわらず、解雇されたと主張しているがために出勤しない状態が継続する事になりかねないためです。雇用契約上の義務に違反しているかどうかも不明確な状況になってしまいます。

　そこで、使用者としては、あらためて解雇の意思表示はしていないことを伝えつつ、仮に解雇の意思表示があったと評価される場合に備えて、予備的に解雇を撤回する、旨の意思表示を行っておくことが考えられます。

　これにより、雇用関係は継続していることを明確にし、雇用契約に従って就労する義務があることを明確化しておくことが可能になります。

　解雇がないものとして出勤するようになれば特に問題はありませんし、仮にあくまでも解雇されたと主張して欠勤を続けるのであれば、将来的には無断欠勤を理由とする解雇も検討可能となるためです。

3　解雇は撤回できないという反論への対応

　なお、解雇を撤回すると主張した場合、労働者側から解雇は同意がない限り撤回できないという反論がなされることがあります。

　この点、民法上、契約の解除については次のように規定されています。

> （解除権の行使）
> 540条　契約又は法律の規定により当事者の一方が解除権を有するときは、その解除は、相手方に対する意思表示によってする。
> 2　前項の意思表示は、撤回することができない。

　2項では、撤回することができないと規定されていることからすると、同意がない限り、撤回できないという主張は正当性があるかのようにも思われます。

　しかし、ここでいう「解雇の撤回」をしているケースは、ほぼすべてのケースで、労働者側から解雇は権利を濫用して無効である、という主張を受けた上で行われています。

　つまり、使用者側が行った撤回という表現を別の表現に変えれば、解雇が無効であるという労働者側の主張を争わず、雇用契約が継続していることを認めるということに他なりません（訴訟の場面であれば、地位確認と賃金の支払請求に対して認諾していることと同義です）。

　その意味で、撤回という表現は用いているものの、民法540条の定める「撤回」とは意味合いが異なります。

　そもそも、自ら解雇が無効（その結果として雇用契約が継続している）という主張しているにもかかわらず、解雇を撤回する（その結果として雇用契約が継続していることを認める）ことが許されないという主張は自己矛盾に等しいと思われます。

　なお、この解雇の撤回が許されないという点について、東京高決平成21・11・16判タ1323号267頁［28161110］でも撤回は許されないという判断が示されているという主張がなされることがあります。

　ただ、当該事案は労働者側が、解雇が有効であることを前提として、会社都合の割合による退職金の請求を行った事案であり、解雇が無効であることを主張している多くのケースとは全く事案が異なります。

〈事例1〉

　もっとも、労働者が解雇の有効性については争っておらず、解雇されたことを前提として解雇予告手当や解雇（会社都合）された計算式に基づく退職金を請求してきたような場合には、解雇を一方的に撤回することが許されないことは確かでしょう。

4　賃金はどうすべきか？

　以上の点に関連して、来なくていいと発言してから、解雇はしていないので出社するよう伝えた日までの間の賃金をどうすべきかは問題となり得ます。

　これについては、解雇はしていないものの、解雇したと誤解される事態を招いていたことは確かであり、その意味では欠勤は労働者の責めに帰すべき事由ではなく、使用者の責めに帰すべき事由と評価すべきとも考えられます。

　そのため、解雇はしていないことを明示的に表明するときまでの欠勤期間に対応する賃金は支払うことが適切でしょう。

　他方で、解雇はしていないことを告げ、出社を命じた後に欠勤を継続している場合には、労働者の責めに帰すべき欠勤として、ノーワーク・ノーペイの原則に従って、賃金は不支給となります。

5　それでも解雇されたと主張し、欠勤を継続した場合の対応

　以上のような対応を行ったにもかかわらず労働者Aが解雇されたという主張を継続し、欠勤も継続した場合どう対応すべきでしょうか。

　繰り返しになりますが、この状況であれば雇用契約が継続していることは明確と考えられますので、欠勤は正当の理由のないものとして処分の対象となります。

　あらためて出勤するように明確に業務命令を発し、出勤を促すことが適切でしょう。

　また、欠勤を継続するのであれば、その理由について説明を求め、それ

に対する使用者の見解を説明し、出社するよう命じることも考えられます。

　いずれにしても、使用者として繰り返し出社を命じ、それでもなお欠勤を継続する場合には、就労意思がないものとして最終的には解雇を検討することになります。

　なお、一般的には懲戒解雇事由として14日間の無断欠勤等といった定めがされていることが多いかと思います。

　ただ、このようなケースではもともとの欠勤の発端について、使用者側にも責任の一端があるところともいえますので、就業規則の定める期間よりも猶予をみた上で、繰り返し出勤を命じていくことが適切と考えられます。

押さえておきたい法律知識

1　解雇が無効となる場合とは？

　雇用契約については民法627条において、自由に解約することが可能である旨規定されていますが、労働者保護の観点から、解雇自由の原則には制限が加えられています。

　具体的には、解雇が無効であるという根拠として、次のような主張がなされます。

（1）解雇権の濫用として無効である

　労契法16条は、「解雇は、客観的に合理的な理由を欠き、社会通念上相当であると認められない場合は、その権利を濫用したものとして、無効とする。」と規定しています。

　これは、解雇権濫用法理と呼ばれます。明文のない時代から判例の中で認められてきた解雇制限の考え方が、労基法の中で明文化され（平成19年12月5日号外法律128号による改正前の18条の2）、労契法成立に伴い、同

法16条に移行されました。

実際の紛争の中では、解雇権の濫用に該当するか否かを巡って熾烈な攻防がなされることが多くなっており、まさに解雇を巡る紛争の主戦場となるテーマです。

(2) 強行法規違反の解雇であり無効である

法律上、そもそも解雇が禁止されている場合があります。そのような場合に該当すれば解雇は無効となります。

主なものとしては次のようなものがあります。

- 国籍、信条、社会的身分を理由とする解雇（労基法3条）
- 公民権行使を理由とする解雇（労基法7条）
- 労働基準法違反の申告を監督機関にしたことを理由とする解雇（労基法104条2号）
- 年次有給休暇取得を理由とする解雇（労基法136条）
- 育児介護休業取得等を理由とする解雇（育児・介護休業法10条、16条、16条の4、16条の9、18条の2、20条の2、23条の2）
- 育児・介護に関する紛争について、労働者が都道府県労働局に対して紛争解決援助を求めたことを理由とする解雇（育児・介護休業法52条の4）
- 性別を理由とする解雇（男女雇用機会均等法6条4号）
- 女性労働者が婚姻したことを理由とする解雇（男女雇用機会均等法9条2号）
- 女性労働者の妊娠、出産、産前産後休業等を理由とする解雇（男女雇用機会均等法9条3号、同規則2条の2）
  ※妊娠中及び出産後1年を経過しない女性労働者に対する解雇は、事業主がその解雇理由が妊娠、出産等を理由とする解雇でないことを証明しない限り無効とされます（男女雇用機会均等法9条4号）

- 労働組合の組合員であること、労働組合に加入し、若しくは労働組合を結成しようとしたこと、若しくは労働組合の正当な行為をしたことを理由とする解雇の禁止（労働組合法7条1項）
- 都道府県労働局に対して個別労働紛争解決の援助を求めたことを理由とする解雇（個別労働関係紛争の解決の促進に関する法律4条3号）
- 公益通報したことを理由とする解雇（公益通報者保護法3条）
- 裁判員の職務を行うために休暇を取得したことその他裁判員、補充裁判員、選任予定裁判員若しくは裁判員候補者であること又はこれらの者であったことを理由とする解雇（裁判員の参加する刑事裁判に関する法律100条）

また、労基法19条により、次の期間中には解雇をすることが禁止されます。

- 労働者が業務上の傷病により療養のため休業する期間及びその後30日間
  ※ただし、使用者が療養補償について打切補償（労基法81条）をした場合、または天災事変その他やむを得ない事由のために事業の継続が不可能となった場合を除きます。
- 産前産後の女性が労基法65条に定める産前産後休業をする期間及びその後30日間
  ※ただし、天災事変その他やむを得ない事由のために事業の継続が不可能となった場合を除きます。

（3）労働協約に違反して無効である

使用者によっては、組合との間で締結した労働協約の中で、「組合員の解雇については、事前に組合と十分に協議した上で行うこととする」などといった内容の条項が定められている場合があります。また、場合によっ

ては解雇には組合の同意を要する旨の規定が協約の中にある場合もあります。

この点、労働協約の効力について、労働組合法では次のように規定されています。

> （基準の効力）
> 16条　労働協約に定める労働条件その他の労働者の待遇に関する基準に違反する労働契約の部分は、無効とする。この場合において無効となつた部分は、基準の定めるところによる。労働契約に定がない部分についても、同様とする。

ここで、解雇について協議もしくは同意を要するといった内容についても、同条の定める「基準」に該当すると考えられています。そのため、協議や同意を得ずに行った解雇については、労働組合法16条に基づき無効とされる可能性があります。

〈就業規則に定めのない理由による普通解雇は無効か〉

解雇が無効であることの理由の一つとして、使用者が主張する普通解雇の理由が、就業規則に定められている解雇理由に該当しないと主張されるケースがあります。就業規則に定めのない理由による解雇は無効となるのでしょうか。

この点、就業規則に定められた解雇事由が、限定的に列挙されたものだとすれば、就業規則に定めのない理由による解雇は無効という結論になるのに対し、例として列挙されたものに過ぎないとすれば、就業規則に直接定めがなかったとしても、解雇は可能となります。

この点については解釈上の争いがあるところです。

2　解雇の有効性が争われる場合の請求の趣旨

　使用者が行った解雇について労働者が争う場合、労働者は雇用関係が継続していることを主張して、①雇用契約上の地位確認と②賃金の支払いを請求してくることが一般的です。

　この点、①雇用契約上の地位確認については、解雇が無効と判断された場合の雇用保険の適用などで問題となります。

　また、②賃金の支払いの請求については、多くのケースでは判決が確定すれば復職が認められ、賃金の支払いを受けることが予想されます。そのため、地位確認の判決が確定した後も賃金の支払いがなされない特段の事情が存在するような場合を除き、判決確定後に履行期が到来する賃金の支払いを請求する部分は、訴えの利益を欠き、不適法と考えられています（同趣旨の裁判例として、ダイハツ工業事件　大阪高判昭和60・2・27労判462号124頁［27802723］など）。

　なお、解雇の有効性を争っている事案などでは、解雇が無効であることの確認を求める請求が行われることがあります。しかし、このような請求については過去の法律関係の確認を求めるものであり、確認の利益を欠くものとして不適法とされています（京都エステート事件　京都地判平成15・6・30労判857号26頁［28083023］など）。

3　解雇が無効となった場合の帰趨

　解雇が無効となった場合、雇用契約は終了していないことになりますので、労働者は復職が認められることになります。

　また、解雇から判決確定までの間の賃金については、現実の就労はしていませんが、使用者の責めに帰すべき事由によって労務の提供ができなかったものとして、民法536条2項が適用され、賃金請求が認められます。

〈事例1〉

〈他社で就労をして賃金を得ている場合について〉

　解雇が無効であるとして地位確認・賃金支払請求で争っている状況であっても、労働者としては生活の糧を得なければなりませんので、他社で就労していることは十分あり得ます。

　このような場合、訴訟で請求されている賃金から、他社で就労することで得た賃金を控除することはできないのでしょうか。

　この点、前記のとおり、解雇が無効となった場合に賃金全額の請求が可能となるのは、民法536条2項の定めに基づくところ、同条では、「この場合において、債務者は、自己の債務を免れたことによって利益を得たときは、これを債権者に償還しなければならない」と規定されています。

　最高裁は、米軍山田部隊事件（最判昭和37・7・20民集16巻8号1656頁〔27002115〕）において、「使用者の責に帰すべき事由によつて解雇された労働者が解雇期間内に他の職について利益を得たときは、右の利益が副業的なものであつて解雇がなくても当然取得しうる等特段の事情がない限り、民法五三六条二項但書に基づき、これを使用者に償還すべきものとするのを相当とする」とし、解雇期間中に他社で就労して得た賃金の償還義務を肯定しました。

　しかし、同時に、最高裁は、解雇された労働者は、解雇期間について労基法26条に基づき、平均賃金の6割以上の休業手当を保障されていることを指摘し、結論として、労基法26条の定める休業補償の限度（6割）の部分については控除を認めず、平均賃金の4割までについてのみ控除を認めました。

　したがって、まず、解雇期間中に他社で就労し、賃金を得ていた場合には、平均賃金の4割までの部分については控除をすることが可能になりますので、その旨反論していくことが可能です。

　もっとも、この反論をするにあたっては、注意すべき点が2点あります。

　1つ目は控除することができる賃金は、その利益の発生した期間が賃金の支給の対象となる期間と時期的に対応するものであることを要する、と

いう点です。

　例えば、月給50万円で働いていた労働者が12月末日で解雇され、1月から3月は収入がない状態だったが、4月からは月額30万円で就職することができ、12月末日で解雇が無効であることが確定した、という事案を想定した場合、4割を控除することが認められるのは、4月から12月分の賃金に対応する部分のみであり、1月から3月までの分については全額を支払わなければなりません。

　したがって、1月から3月分に相当する150万円は支払義務が残り、4月分からは50万円の4割に相当する20万円の限度で控除が認められ、30万円を支払うべきことになります（この例では結果的に6割の支払いということになりますが、仮に解雇期間中に得た賃金が月額15万円であれば、控除できるのは15万円の限度ですので、35万円を支払うべきことになります）。

　注意すべき点の2つ目は、平均賃金に含まれない賃金、例えば賞与や期末手当などの支払義務がある場合で、利益の額が平均賃金額の4割を超える場合には、平均賃金算定の基礎に算入されない賃金の全額を対象として利益額を控除することが許されるという点です。

　先ほどの例でみれば、1月から3月は控除ができず、4月から12月分については実際には月額30万円の給与を他社から得ているにもかかわらず、解雇した会社の賃金の6割である月額30万円が支払われることになります。

　したがって、なお、4月から12月でみれば、本来支給されるべき金額が450万円で控除される金額が180万円、支給される金額が270万円となるところ、労働者が得た給与は270万円ですので、90万円分は控除されずに残っている状況になります。

　そのため、平均賃金に含まれない、例えば年末に期末手当が支給されているような場合にはさらに90万円の限度で控除をすることが可能となるのです。この場合は平均賃金ではありませんので、労基法26条の問題はなく、

〈事例1〉

全額から控除することが可能となります。

　以上の点は、あけぼのタクシー事件（最判昭和62・4・2裁判集民150号527頁［27800225］）で示されています。

　したがって、賃金からの控除の主張を行う上では、①控除を主張する期間は就労していた期間と合致しているか、②平均賃金から控除した後で、なお残額がある場合は、平均賃金以外から控除可能な賃金はないか、という点を整理して反論していく必要があります。この場合、特に平均賃金か否かについては明確に区別しておく必要があります。

米軍山田部隊事件　最判昭和37・7・20民集16巻8号1656頁［27002115］

　　論旨は、要するに、原判決が被上告人に上告人に対する全額賃金の支払義務があることを認めながら、上告人が解雇期間内に他の職について得た利益は被上告人に償還すべきものとして、右利得金額を平均賃金の4割の限度において予め賃金額から控除し、その残額賃金の支払を命じたにとどまつたことは、民法536条2項但書、労働基準法24条1項の解釈適用を誤まつたものである、という。

　　しかし、労働者は、労働日の全労働時間を通じ使用者に対する勤務に服すべき義務を負うものであるから、使用者の責に帰すべき事由によって解雇された労働者が解雇期間内に他の職について利益を得たときは、右の利益が副業的なものであつて解雇がなくても当然取得しうる等特段の事情がない限り、民法536条2項但書に基づき、これを使用者に償還すべきものとするのを相当とする。

　　ところで、労働基準法26条が「使用者の責に帰すべき事由」による休業の場合使用者に対し平均賃金の六割以上の手当を労働者に支払うべき旨を規定し、その履行を強制する手段として附加金や罰金の制度が設けられている（同法114条、120条1号参照）のは、労働者の労務給付が使用者の責に帰すべき事由によつて不能となつた場合に使用者

の負担において労働者の最低生活を右の限度で保障せんとする趣旨に出たものであるから、右基準法26条の規定は、労働者が民法536条2項にいう「使用者ノ責ニ帰スヘキ事由」によって解雇された場合にもその適用があるものというべきである。そして、前叙のごとく、労働者が使用者に対し解雇期間中の全額賃金請求権を有すると同時に解雇期間内に得た利益を償還すべき義務を負つている場合に、使用者が労働者に平均賃金の6割以上の賃金を支払わなければならないということは、右の決済手続を簡便ならしめるため償還利益の額を予め賃金額から控除しうることを前提として、その控除の限度を、特約なき限り平均賃金の4割まではなしうるが、それ以上は許さないとしたもの、と解するのを相当とする。

あけぼのタクシー事件　最判昭和62・4・2裁判集民150号527頁[27800225]

使用者の責めに帰すべき事由によつて解雇された労働者が解雇期間中に他の職に就いて利益を得たときは、使用者は、右労働者に解雇期間中の賃金を支払うに当たり右利益（以下「中間利益」という。）の額を賃金額から控除することができるが、右賃金額のうち労働基準法12条1項所定の平均賃金の6割に達するまでの部分については利益控除の対象とすることが禁止されているものと解するのが相当である（最高裁昭和36年(オ)第190号同37年7月20日第二小法廷判決・民集16巻8号1656頁参照）。したがつて、使用者が労働者に対して有する解雇期間中の賃金支払債務のうち平均賃金額の6割を超える部分から当該賃金の支給対象期間と時期的に対応する期間内に得た中間利益の額を控除することは許されるものと解すべきであり、右利益の額が平均賃金額の4割を超える場合には、更に平均賃金算定の基礎に算入されない賃金（労働基準法12条4項所定の賃金）の全額を対象として利益額を控除することが許されるものと解せられる。そして、右のとおり、

賃金から控除し得る中間利益は、その利益の発生した期間が右賃金の支給の対象となる期間と時期的に対応するものであることを要し、ある期間を対象として支給される賃金からそれとは時期的に異なる期間内に得た利益を控除することは許されないものと解すべきである。以上と異なり、中間利益の控除が許されるのは平均賃金算定の基礎になる賃金のみであり平均賃金算定の基礎に算入されない本件一時金は利益控除の対象にならないものとした原判決には、法律の解釈適用を誤つた違法があるものといわざるを得ず、右違法が判決に影響を及ぼすことは明らかである。

4　普通解雇と懲戒解雇

　解雇は、大きく分けると普通解雇と懲戒解雇の２種類に分けられます。両者は、使用者の決定によって、労働者の職場からの離脱をもたらすという効果の点では共通します。しかし、その法的性質という点からみた場合、両者は全く別のものといえます。

（１）普通解雇とは

　そもそも、民法上、雇用契約の解消については次のように定められています。

> （期間の定めのない雇用の解約の申入れ）
> 627条　当事者が雇用の期間を定めなかったときは、各当事者は、いつでも解約の申入れをすることができる。この場合において、雇用は、解約の申入れの日から２週間を経過することによって終了する。

　ここで、「各当事者」と規定されていることから明らかなとおり、期間の定めのない雇用契約では、使用者もいつでも解約の申入れ、すなわち解

雇をすることが認められています（他方で、労働者にも辞職の自由が認められます）。

　もっとも、この原則を徹底した場合には、労働者の地位の安定が著しく害される結果となりかねません。そこで、種々の強行法規や、労契法16条で定められる解雇権濫用法理に従って、解雇の自由は大きく制限されています。

　しかし、そのような制限はあるものの、大前提として、使用者には解雇権が認められています。そして、この権限に基づく解雇が普通解雇になります。

（2）懲戒解雇とは

　これに対し、懲戒解雇は、使用者が、労働者に対して有する懲戒権の行使として行うものであり、就業規則に定められた懲戒規程に基づいて行われます。

　懲戒解雇は懲戒権行使の一態様であり、「制裁」としての意味合いを有していることになります。

　この点で、雇用契約の本来的な権利である解雇権の行使としての普通解雇とは明らかにその性質を異にするのです。

（3）普通解雇か懲戒解雇かは使用者が決める

　このように、解雇は普通解雇と懲戒解雇の2種類があります。この点、両者は使用者の決定によって労働者に、職場からの離脱を強制するという点では共通します。

　では、使用者が行った解雇が普通解雇なのか、懲戒解雇なのかはどのように決まるのでしょうか。

　結論から申し上げれば、解雇を行う際に、普通解雇なのか、懲戒解雇なのかを使用者が決める、ということになります。

　以前ご相談いただいた中で、「横領したのだから懲戒解雇なのではない

のですか？」というご質問がありました。確かに、一般的には横領のようなケースでは懲戒解雇となっていることが多いと思われますが、それは、多くの場合、使用者が制裁としての解雇が適切と考えているからに他なりません。

就業規則の普通解雇事由として、「懲戒事由がある場合」といった形で規定がされていることが多いことからもわかるように、懲戒解雇が相当とされる場合であっても普通解雇をすることも珍しくありません。

解雇が普通解雇なのか、懲戒解雇なのかは、使用者が決める問題である、ということは明確に意識しておく必要があります。

（4）普通解雇と懲戒解雇の相違

では、普通解雇と懲戒解雇では訴訟においてどのような差異があるのでしょうか。

この点、両者の性質の違いから、次のような差異が生じ、実際の紛争の中で問題になってきます。

ア　理由の追加の可否

実際の訴訟において、しばしば問題となる例として、解雇理由を追加することができるか否か、という場合があります。

例えば、次のような場合があります。

> 労働者甲について、セクシャル・ハラスメントを行ったことを理由として解雇した。

↓

> 甲が解雇を不服として地位確認訴訟を提起。

第3章　事例

↓

> 訴訟をきっかけとしてあらためて社内にて調査を行った結果、甲が在職中に横領をしていた事実が発覚した。

　このように、解雇通告を行った時点では発覚していなかった事実が、解雇後に調査した結果発覚することは必ずしも珍しいことではありません。では、このようなケースで、横領の事実を解雇理由として追加して主張することはできるでしょうか。
　この点、結論としては、最初の解雇が普通解雇の場合には、解雇の有効性を基礎づける事情として、横領の事実を主張することができますが、懲戒解雇の場合には横領の事実を理由として懲戒解雇が有効であると主張することは認められません。
　すなわち、普通解雇の場合には、解雇権濫用法理に基づいて、当該解雇が権利濫用に該当するか否かを判断することになりますので、解雇当時客観的に存在していたすべての事情が解雇の有効性を判断する上での評価材料とされることになります。
　これに対し、懲戒解雇の場合、懲戒権の行使になりますので、使用者が認識している一定の懲戒事由が存在していることは当然の前提となってきます。そのため、使用者が懲戒権を行使した原因となっている事由はその時点で特定されることになり、当時使用者が認識していなかった事情が後で発覚したとしても、その事情は前の懲戒解雇の有効性を判断するにあたっては考慮されないことになります（山口観光事件　最判平成8・9・26労判708号31頁［28011319］）。

〈事例1〉

山口観光事件　最判平成8・9・26労判708号31頁［28011319］

　所論は、被上告人の年齢詐称の事実を本件解雇の理由として主張することはできないとした原審の判断は、懲戒権の行使に関する法律解釈を誤るものであると主張する。しかしながら、使用者が労働者に対して行う懲戒は、労働者の企業秩序違反行為を理由として、一種の秩序罰を課するものであるから、具体的な懲戒の適否は、その理由とされた非違行為との関係において判断されるべきものである。したがって、懲戒当時に使用者が認識していなかった非違行為は、特段の事情のない限り、当該懲戒の理由とされたものでないことが明らかであるから、その存在をもって当該懲戒の有効性を根拠付けることはできないものというべきである。これを本件についてみるに、原審の適法に確定したところによれば、本件懲戒解雇は、被上告人が休暇を請求したことやその際の応接態度等を理由としてされたものであって、本件懲戒解雇当時、上告人において、被上告人の年齢詐称の事実を認識していなかったというのであるから、右年齢詐称をもって本件懲戒解雇の有効性を根拠付けることはできない。これと同旨の原審の前記判断は、正当として是認することができ、その過程に所論の違法はなく、右判断は、所論引用の判例に抵触するものではない。論旨は採用することができない。

〈後から発覚した解雇理由の取扱について〉

　このように、解雇が普通解雇の場合には、事後的に発覚した事情も解雇の有効性判断の事情として主張できるのに対し、懲戒解雇の場合には事後的に発覚した事情は解雇の有効性判断の事情として主張することは認められないことになります。これは、普通解雇と懲戒解雇の大きな違いとして指摘できるところです。

　ところで、最初に行った解雇が懲戒解雇で、後に発覚した事情を解雇の有効性判断の事情として主張できない場合であっても、後から発覚

た事情を理由として、再度解雇を行うことまで禁止されるわけではありません。

最初に行った解雇が無効と判断された場合に備えて、念のため予備的に再度解雇通知を行っておくことが適切なケースも多いといえます。

もっとも、この場合で、最初に行った解雇が無効とされ、2番目の解雇が有効とされると、最初の解雇から2番目の解雇までの期間については雇用関係が継続していたことになります。

したがって、最初の解雇から2番目の解雇までの間に対する賃金の支払義務が発生することは避けられないことになります。

イ　厳格さの程度の違い

解雇理由の追加の可否という理論的な点とは別にして、より現実的な問題として、普通解雇よりも懲戒解雇の方が、解雇の有効性は厳格に判断されるという点が指摘できます。

条文上では、普通解雇については労契法16条のみが適用されるのに対し、懲戒解雇については懲戒処分に関する労契法15条も重畳的に問題となります。

実際の裁判例においても、一般的な傾向として、懲戒事由が認められる場合であっても、懲戒解雇することが相当と判断されるほどの非行かという視点から、極めて慎重な判断がなされているといえるところです。

これは、いったん懲戒解雇となれば、労働者の経歴の上で極めて重い疵となることから、裁判所としても慎重な判断を余儀なくされているためといえるでしょう。

そのため、ある一定の非行を原因として解雇する場合、懲戒解雇としては無効であっても、普通解雇であれば有効という結論に至ることは十分に考えられます。

〈懲戒解雇の普通解雇への転換は認められるか〉

　このように、懲戒解雇としては無効であっても、普通解雇としては有効と判断されそうな場合、懲戒解雇を普通解雇に転換する、といった主張をしたくなる場合があります。

　この点、裁判例の中には、転換を肯定する裁判例もあります（日本経済新聞懲戒解雇事件　東京地判昭和45・6・23労民21巻3号980頁［27612114］）。

　しかしながら、前記のとおり普通解雇と懲戒解雇とは、その根拠において明確に区別されています。近時の裁判例でもその性質の違いを根拠に転換を否定されているケースが多く（三菱重工業相模原製作所事件　東京地判平成2・7・27労判568号61頁［27813989］、日本メタルゲゼルシャフト事件　東京地決平成5・10・13労判648号65頁［28019200］）、懲戒解雇を普通解雇に転換することは認められないものと考えられます。

　そのため、懲戒解雇なのか、普通解雇なのかという点については、事前に明確に区別しておく必要があります。

ウ　解雇予告の有無で違いはあるのか

　労基法20条では、いわゆる解雇予告手当について以下のとおり定められています。

（解雇の予告）

20条　使用者は、労働者を解雇しようとする場合においては、少なくとも30日前にその予告をしなければならない。30日前に予告をしない使用者は、30日分以上の平均賃金を支払わなければならない。但し、天災事変その他やむを得ない事由のために事業の継続が不可能となつた場合又は労働者の責に帰すべき事由に基いて解雇する場合においては、この限りでない。

一般に、普通解雇の場合には労基法20条の規定に従い、30日前までに解雇予告がなされるか、解雇予告手当が支払われるのに対し、懲戒解雇の場合には解雇予告もなく、予告手当も支払われないことが多いものと考えられます。
　これは、多くの懲戒解雇の事案では「労働者の責めに帰すべき事由」が認められることが多いためです。
　しかしながら、懲戒解雇が認められる事案であっても、「労働者の責めに帰すべき事由」が認められないケースはあり得ますし、逆に普通解雇の事案であっても、「労働者の責めに帰すべき事由」があると判断されるケースはあり得るといえます。
　したがって、解雇予告ないし予告手当支払いの有無と、解雇の種類とは必ずしも直接リンクするわけではありません。

エ　退職金支給の有無に違いはあるのか

　普通解雇の場合には退職金を支給するのに対し、懲戒解雇の場合には退職金は支給しないとされていることが多くなっています。
　しかし、懲戒解雇であれば当然に退職金を不支給とできるわけではありません。前提として退職金規程において懲戒解雇の場合には不支給とする旨の定めがなされている必要があります。したがって、仮に退職金規程にそのような規定がなければ、懲戒解雇をした場合であっても退職金の支払い義務は免れません。
　逆に、退職金規程の定め方によっては、懲戒解雇以外の場合であっても退職金支給を拒むことができる可能性があります。
　そのため、普通解雇と懲戒解雇のいずれかによって、論理必然的に退職金支給の有無が決定されるわけではありません。
　なお、懲戒解雇が認められ、退職金不支給の規定がある場合であっても、退職金の支給が命じられる可能性がある点は注意が必要です。

〈事例2〉

事例 2　労働者が時間外労働を拒否し、指示に対してパワハラと反論するケース

　労働者Aは入社して半年ほどになるが、任せた仕事が終わっていないのに毎日定時に帰ってしまい、業務に支障をきたしている。上司が注意をしても、「1日8時間以上働く義務はないでしょう。」などといって全く聞く耳を持たない。

　また、注意をするとすぐに「パワハラで訴える。」などと言って上司としても対応に苦慮している。

　使用者としてどう対応すべきか？

企業への アドバイスを行う際のポイント

　労働者が法律的にみて自らの言動が正当であると訴えたり、パワハラの被害にあっていると訴えてくることに対し、使用者が対応に苦慮しているケースは非常に多くなっています。

　このようなケースでは、まずは法律的に正しい理解・判断を踏まえて対応する必要がありますので、上司が単独で対応するのではなく、トラブルが起きたときには上司が早めに報告し、使用者（会社）として対応を検討する体制を取ることが重要です。使用者から相談を受ける前から、日常的に伝えていくことが重要でしょう。

　また、使用者に対して、労働者の主張が法的に正しいのか、パワハラに該当するのか、といった法律的な評価をアドバイスするだけではなく、労働者の発言を踏まえて、具体的にどのような対応を労働者にしていくべきか、相当程度具体的に示していったり、

> 弁護士としての意見書を提出したり、使用者としての行動の指針を具体的に示していくことが重要です。

対応のポイント

1　事例1との違い

　本事例では、労働者Aは、「時間外労働をする義務はない。」といった発言をし、さらには注意を受けると「パワハラで訴える。」といった発言をしており、上司が対応に苦慮しています。

　労働者Aは、自身の行動が正当であるという根拠として、法律上の根拠に基づく主張を行っている点で、事例1のケースとは異なります。

　このように、単に反抗的である、指示に従おうとしない、というレベルではなく、労働者が法律の根拠を踏まえて主張しているようなケースでは、また少し異なった対応が必要になります。

2　法律に則った対応

　このように、労働者が法律に基づいた主張を行っているケースでは、対応を誤ると問題が拡大しかねません。

　仮に労働者の主張が正当だった場合に、法律などどうでもいいと言わんばかりの対応をしてしまえば、それ自体がパワハラなどとして違法と評価される可能性もありますし、労働局や労働基準監督署への申告などが行われる可能性も高くなります。

　他方で、労働者が法律について誤解しているようなケースであれば、法律の理解が誤っていることを伝えていくことも必要ですし、法律の解釈に争いがあるような場合には使用者としての理解・見解を伝えていくことも

必要でしょう。

　いずれにしても、法律に則った形で対応をすることが求められていると理解する必要があります。

3　直接の上司だけで対応することのリスク

　法律に関する主張が行われているケースでは、直接労働者と接する上司が単独で対応をした場合、より問題を複雑にしてしまう可能性も高くなります。

　上司の立場にあるからといって労働法について詳しいとは限りません。

　また、最近では労働法の分野でも法改正が多くなっていますし、新しい裁判例なども続々と出てきています。

　労働者があえて法律に基づいた主張をしているようなケースでは、労働者はかなり事前の準備、勉強をしていることが予測されるところですので、上司が誤った知識に基づいて対応し、トラブルが大きくなる危険もあります。

　また、法律のことがよくわからないからといって、上司が適切な指導を行わないことも問題を大きくしかねません。

　労働者から、法律に基づいた権利主張などがされているケースでは、直接の上司だけで対応することは企業としては大きなリスクといえるでしょう。

4　会社組織（使用者）としての対応を行う

　法律に関する主張への対応は、相当程度専門性が求められる内容です。

　法律上の権利や義務に関する訴えが労働者からあった場合には、上司が単独で判断をして対応をするのではなく、組織的・専門的に検証を行った上で、対応を決定していくことが求められるところです。

　中には、部下を適切に管理できていないとして評価が下がるのではないか、と懸念する管理職がいるかもしれません。ただ、結果として大きなト

ラブルにつながる危険をはらんでいることを踏まえ、問題が発生した場合には早めに会社組織の問題として取り扱うように指導していくことも求められるでしょう。

　弁護士の立場からしても、本事例のようなケースでは、個々の労働者の主張への対応をアドバイスしていくことも重要なのですが、その一歩前の段階として、上司が気兼ねなく相談をできる体制を整えることが重要という意識を使用者に持ってもらうことが重要といえるでしょう。

5　時間外労働をする義務はないという発言について

　以上を踏まえ、本事例について、法律的な観点を踏まえた対応を検討したいと思います。

（1）そもそも時間外労働を命じることができるのか？

　本事例では、労働者Aは行うべき業務が終わっていないにもかかわらず定時に退社してしまい、現実に業務に支障をきたしているという問題があります。

　業務を完遂するために時間外労働を行わなければならない状況だとすると、まずは使用者が時間外労働を命じることができるか否かを確認する必要があります。

　この点、どのような場合に時間外労働を命じることができ、労働者がそれに従う義務が生じるかという点について、判例では、労基法36条に定められる、いわゆる36協定を締結し所轄の労働基準監督署長に届け出ていて、かつ就業規則において、36協定の範囲内で業務上の事由がある場合には時間外労働をさせることができる旨を定めている場合、就業規則の内容が合理的である限り時間外労働を行う義務を負うものとされています（日立製作所事件　最判平成3・11・28民集45巻8号1270頁［27810301］）。

　この判例の考え方に従い、36協定が適切に締結され、かつ就業規則において時間外労働を命じることが規定されている場合には、基本的には時間

〈事例2〉

外労働を命じることができ、労働者はこれに従う義務があるというべきでしょう。

　本事例では、そもそも業務命令として時間外労働を命じるために、就業規則にそのような定めがあるか、協定の締結や届け出が適切に行われているかは最初に確認すべきポイントとなります。

（2）明示的に時間外労働を命令する

　就業規則に時間外労働を命じる旨の定めがあり、36協定が適切に締結・届出がされ、時間外労働を命じることが法律上認められる場合、行うべき業務を行っていないという点では、事例1における日報の不提出と同様の構造があります。

　そのため、本事例でも①期限までに任された業務を完了すること、②終業時刻後も業務を行わなければ業務が完了しない場合には、時間外労働を行うこと、の2点を明示的に指示していくことが対応の出発点となります。

（3）時間外労働を命じる根拠があることを説明する

　もっとも、本事例では労働者Aは、「1日8時間以上働く義務はないでしょう。」という発言をしているということですので、一定の条件が満たされていれば、労働者には時間外労働を行う義務があるという認識が欠けている可能性が高いといえます。

　このような場合には、誤解が解消されれば問題自体が解消される可能性も十分にあります。

　また、時間外労働を拒否していることを問題行動としてとらえたとしても、それが誤解に基づく場合には、労働者にとって有利に斟酌すべき事情として評価される可能性は十分にあります。誤解に基づく言動であることが予想されたのであれば、使用者がその誤解を解くための説明を取るべきだった、と評価されることもあるでしょう。

　いずれにしても、本事例のように、問題行動の前提として誤解があるよ

81

うな場合には、その誤解の解消に向けて使用者が適切な対応を行うことは非常に重要な意味を持ってきます。

　本事例でも、そもそもの就業規則の内容や36協定の締結が適切に行われていることなどを説明し、時間外労働を命じられた場合にはそれに従う義務があることを理解させるための手順を踏むことは非常に重要です。

　本事例ではこの点に留意した上で、上記（2）で示した業務命令を発し、以後は事例1と同様の手順で改善を求めていくことが想定されます。

（4）弁明がされた場合
ア　法律的な主張がされる可能性
　業務命令を発した場合、もしくは命令に従わなかった後で弁明書の提出を求めた場合に、労働者から法律的な根拠に基づいて、業務命令に従わないことが正当であるという主張がなされることはあり得ます。

　本事例では、「就業規則に時間外労働の定めがあり、36協定の締結がなされている場合には、時間外労働を行う義務がある」というルールを前提とした上で、時間外労働を行う義務がない、という主張がなされるということです。例えば、次のような主張が考えられます。

①形式的には36協定が締結されているが、労働者代表の選任手続が不適法で協定自体が無効である。よって時間外労働を行うべき義務はない。
②そもそも時間外労働を行う必要性がなく、時間外労働の命令自体が権利濫用として無効である。

　このように、法律的な根拠をもった主張がされた場合には、その主張の妥当性を検証した上で、対応を検討していく必要があります。

　法的な主張がされるような場合、処分等に至った後で紛争となる可能性も高いといえますので、丁寧な対応が重要です。

〈事例2〉

イ　ポイントは、真摯な姿勢を保つこと

　労働者から弁明ないし主張がなされた場合の対応として大切なポイントは、使用者として問題解決に向けて真摯な姿勢を示すことにあります。

　労働者の主張には丁寧に耳を傾け、使用者として説明すべきことは適切に説明する、いわば健全なコミュニケーションを維持するための努力を行うことが大切です。

　もっとも、時として、労働者からは感情的な主張がなされることもしばしばあります。

　特に、労働者の主張を認めないことを告知した場合には、攻撃的な姿勢を示してくるようなことも少なくありません。

　このような状態に陥ってしまうと、トラブルとして大きくなってしまうことも多く、懲戒処分や、場合によっては解雇を決断せざるを得なくなることもあり得ます。

　そのような場合に、対立構造が生じた出発点のところで、使用者に非があることを理由として、処分の有効性が否定的にとらえられることはよくあるところです。

　労働者の主張には真摯に向き合っていく姿勢を示していくことは、問題解決という観点からも、最終的に処分を行わざるを得なくなった場合を見据えた対応としても非常に重要といえます。

　具体的には次のような流れが想定されます。

〈1〉　労働者の主張を特定する

　主張の妥当性を検証する前提として、まずは労働者からの主張を正確に把握する必要があります。ときには主張が変遷するケースもありますので、議論の出発点として主張を特定しておくことは重要です。

　労働者からの主張が、書面（メールやチャットなども含む）で提出されていれば、その提出されたもので主張の特定として十分かを検証します。

口頭で言われただけであれば、書面での提出を求めることが適切ですが、提出を求めても書面での提出がなされない（もしくは提出が期待できない）場合には、こちらで聴取した内容を文書化した上で、労働者に示し、主張したいことが適切に反映されているかを確認するなどし、主張を特定しておきましょう。

〈2〉 主張が不明確な場合には釈明を求める

　労働者から主張がなされても、主張している内容が不十分・不明確な場合があります。むしろ、明確なことの方が少ないかもしれません（もっとも、ときには弁護士が作ったとしか思えないような文書が提出されることもあります）。

　主張内容が不明確な場合には、不明確であることを告げた上で、どのような趣旨かを明らかにするよう求める必要があります。

　もっとも、実際には釈明を求めたとしても、明確な回答が得られないことはよくあります。

　そのような場合の対応として、単に労働者の主張の趣旨が不明確であるとして排斥することは適切とは思えません。将来的に訴訟などで争われた場合に、弁護士が主張を整理した結果、労働者の主張に一定の理由があると判断される可能性は十分にあり得るためです。

　特に、事実に関していろいろ主張しているものの、法律的になんら整理されていない、いわば生の事実だけが主張されているケースでは注意が必要です。

　使用者としては、労働者が主張している内容から、ある程度労働者の主張を予測し、その妥当性を検証する姿勢も求められます。

〈3〉 事実認定は慎重に行う

　実際に労働者からの主張の妥当性を検証する上では、法律上の主張が正当か、という問題と、その主張の前提となる事実関係が認められるか、

〈事例2〉

という問題があります。

　例えば先ほど示した、36協定の締結にあたって労働者代表の選出手続に瑕疵があるため、協定自体が無効であり、時間外労働の義務はない、という主張だとすると、労働者代表の選出手続に瑕疵があるという事実が認められるとすれば、法的には労働者の主張は正当と評価されるでしょう。

　使用者による事実認定が結論を左右することは十分にあり得ます。使用者の認識している事実と異なる主張がされることもよくあるところですが、事実関係に関する労働者の主張についても、丁寧に拾い上げ、場合によっては証拠の提出なども促した上で、慎重な事実確認を行うことが求められるところです。

〈4〉　使用者としての見解を示す

　労働者からの弁明ないし主張が出された場合、以上のような観点から主張の妥当性を検証し、使用者としての判断を示していくことになります。

　労働者からの主張に正当性はないと判断された場合には、あらためて使用者としての見解を示し、業務命令に従うよう指示していくことになります。

　これに対し、労働者からの指摘が正当と認められる場合には、是正をした上で対応を検討していくことになるでしょう。

　また、事実関係について確認した結果、使用者の認識と労働者の主張のどちらが正しいか、疑義が残る場合もあります。

　このような場合には、念のため疑義がない形に是正をした上で、対応していくこともあり得ます。36協定締結時の労働者代表の選出手続の問題であれば、念のため労働者代表の選出を疑義のない形であらためて行った上で協定の締結を行うことが考えられます。

85

（5） 使用者の見解に労働者が納得しない場合の対応

　使用者として労働者の主張を踏まえた上で一定の見解を示したとして、なお労働者が納得しない場合があります。

　今回のケースのように、なお労働者が納得せずに、時間外労働命令に従おうとしない場合です。

　この場合の対応としては、基本的には事例1で示した、業務命令の発出と弁明書の提出などの対応を行っていくことになりますが、最終的に処分を行った場合にはその有効性判断にあたっては、①争いとなっている法律の解釈に関して使用者の主張が正当であることに加え、②使用者の主張が正当であること（労働者側の主張が誤りであること）を理解させるために、使用者として適切な対応を行っていたことも重要な意味を持つ可能性が高いです。

　そのため、実際にどのような形で使用者としての見解を説明したのかを記録化しておくことは重要です。場合によっては説明の際の様子を録音したり、書面にて見解を示したりすることも考えられます（使用者（会社）名義で書面を出す他、顧問弁護士の名義などで示すことも考えられます）。

6　パワハラの訴えについて

(1) パワハラについて

ア　対応の必要性

　本事例では、労働者Aは仕事が終わっていないのに定時で退社し、業務に支障をきたしていることを注意されたことに対し、「パワハラで訴える。」と発言しています。

　パワハラが許容されないことは広く社会の共通認識となっており、使用者としても適切に対処する必要があります。実際にパワハラと評価すべき問題点があるのであれば、改善する必要があることは当然です。

　ただ、他方で、企業経営を円滑に行っていくためには、業務上必要な

〈事例2〉

指示・指導・注意を行っていくことは必要不可欠です。

　パワハラにあたってしまうかも、という懸念に過度におびえ、萎縮してしまい、必要な注意なども行えない事態となってしまっては、企業経営はままなりません。

　実際に、ケースによっては、適切な指導に対してもパワハラであるとの訴えを受けてしまい、対応に苦慮しているケースは少なくありません。

　もちろんそのような訴えがされる事情は様々ですが、中にはパワハラと訴えることで指導を受けないようにして、有利な立場を構築しようとしているようにみられるケースもあります。

　このようなケースを放置してしまうことは経営上重大な問題となりかねません。

　パワハラの訴えがあった場合に、実際にパワハラと評価すべきケースであれ、指導として当然認められる範疇であれ、適切な対応を行っていくことは、企業としての健全な運営を行っていく上で不可欠といえます。

イ　そもそもパワハラとはなにか？

　パワハラの訴えに対して適切に対応するためには、当然ながらパワハラについて正しく理解することが不可欠です。

　パワハラについては、労働施策総合推進法30条の2でその定義が示されました。

　職場におけるパワー・ハラスメントは、職場において行われる、

①優越的な関係を背景とした言動であって、
②業務上必要かつ相当な範囲を超えたものにより、
③労働者の就業環境が害されるもの

であり、①から③までの3つの要素をすべて満たすものをいいます。
　より具体的な解釈にあたっては、厚生労働省（以下、「厚労省」という。）

が示した、「事業主が職場における優越的な関係を背景とした言動に起因する問題に関して雇用管理上講ずべき措置等についての指針」（令和２年厚労省告示５号）で示された、パワハラの定義及びパワハラの６類型について、正しく理解することが出発点になります。

この指針を踏まえた上で、過去の裁判例などを通じて実際の事例に触れていくことがパワハラへの適切な理解を深めていくことにつながると考えられます。

ウ　雇用契約の本質からみたパワハラの理解

もっとも、パワハラへの理解を深めることに取り組んでいった場合、どうしても、こういうことをしてはいけない、という、いわば禁止されるポイントにばかり注目することになりがちです。

ただ、パワハラに関する議論を正しく理解するためには、やってはいけないという点ばかりに着目するのは不適切です。契約上の雇用関係があることを前提として、その本質を踏まえた上で、理解する必要があります。

すなわち、本書の中でも何度も繰り返しているところですが、雇用契約とは、労働者が使用者の指揮命令に服する債務を負っており、他方で使用者は労働者に対して賃金を支払う債務を負うという契約です。したがって、勤務するにあたって使用者が労働者に対し指揮命令を行うことは、雇用契約から当然に導かれる権限です。

指揮命令する権限があるとはいっても、なんでも無条件で許容されるわけではありません。パワハラとして評価される事案は、この指揮命令をする権限を濫用した場合ととらえられます。

例えば、指導と称して暴力を振るったり、人格を否定するような発言を行ったりすることは、そもそも指導ではないと評価されるか、指導だとしてもその認められる限度を超えたものとして違法性を帯びるといえます。

〈事例2〉

　このように、パワハラについては、指揮命令権の存在を前提として、その権限を濫用した場合としてとらえる必要があります。指揮命令を行うことは原則として適法であり、例外的な場合に違法となるということです。

　これに対し、労働者との議論の中で、ともすると、そもそも使用者には労働者が嫌がるような指揮命令を行う権限はなく、例外的に適切な指揮命令の場合には違法性が阻却されるのだ、という趣旨と受け止められるような主張がされることがあります。セクハラについては被害者の受け止め方が重視されるのだから、パワハラでも同様に考えるべきといった主張がなされることもあります。

　いわば、原則として指揮命令をすることは違法だが、例外的に適法になるという主張です。

　ただ、このような理解は使用者による指揮命令権こそが雇用契約の本質であるという大前提を無視したものといわざるを得ません。

　また、セクハラは本質的に業務との関連性が乏しい性的な事項についての嫌がらせであるのに対して、パワハラはまさに業務そのものに関するもので、同列に論じる事はできません。

　先に示した厚労省の指針の中でも、使用者が労働者に対して指揮命令を行う権限があることは当然の前提となっています。

　ただ、当然のことであるが故に、言及されている分量もわずかです。指針や裁判例を読み解いていく際にも、指導や指揮命令を行う権限は当然に認められている、ということを常に意識しておくことは非常に重要です。

（2）パワハラの訴えへの対応
ア　使用者がパワハラの訴えを把握できるようにしておく

　使用者としてパワハラへの対応を考えるにあたってまず大切なことは、パワハラの訴えがあった場合に、使用者がすぐに把握できる体制を

整える、ということです。

　労働者が、パワハラの被害を訴える場合、いろいろな形があります。

　使用者が設けている相談窓口に相談があったり、直接の加害者とは別の上司に相談があったりするようなケースであれば、使用者としてパワハラの訴えがあったことを把握することは難しくはありません。

　しかし、本事例のように、当事者となっている上司に対して直接パワハラ被害を訴えるケースでは、なかなか難しい問題をはらみます。

　パワハラの訴えを受けた側が、パワハラでないことは明らかだから使用者（会社）に相談する必要などはないという自己判断で対応してしまうことは珍しくありません。

　そもそもいわゆる中間管理職の立場にいる人からすると、部下がパワハラの被害を申告したということが使用者（会社）に発覚すると、評価が下がるのではないかと懸念し、なんとか自分だけで解決しようとすることもよくあります。

　ただ、当事者同士で直接やりとりをした場合、そもそもパワハラか否かの評価で見解が分かれることは予想されるところで、当事者間で対立が起こることはむしろ当然です。

　合理的な話し合いで解決できれば問題はありませんが、実際には双方自らの主張を譲らず、対立がより激しくなってしまうことも懸念されるところです。

　また、客観的にみてパワハラと評価されるようなケースでは、パワハラを訴えたのに対応をしなかったことが問題視される危険性もあります。

　使用者としては、直接当事者間でやりとりをすることは避けるように周知し、使用者（会社組織）の問題としてしっかりと対応することが求められます。

　そのためにも、管理職に対しては日頃からトラブルが大きくなる危険性を伝え、パワハラに関する主張を受けた場合には速やかに使用者に報

告し、一人で対応することがないように指示をしておくべきです。

イ　訴えの内容の確定

　労働者からパワハラの訴えがあった場合、まずは主張内容を正確に把握することが重要です。

　聴き取りを行う他、込み入った事案であれば、事実関係を文書にまとめて提出してもらうことも考えられます。

　しばしば問題になるのは、使用者からの調査に対して訴えの当事者が具体的な主張をしないようなケースです。

　使用者としては、労働者から具体的な主張がされなければ対応が困難になります。

　もちろん、場合によっては当事者の大ごとにしたくないといった事情で、詳しい事情を主張して対応を求めることまではしない、というケースもあり得ます。

　そのような場合に無理に詳しい事情を説明することを強いることは適切ではないことも多いでしょう。

　ただ、中にはそれまでパワハラであると大声で主張していたにもかかわらず、正式な調査では具体的な主張をしないようなケースもあります。

　本事例のように指導をしようとするとパワハラと反論し、指導を拒絶しているにもかかわらず、調査で具体的な主張をしないとすれば、不適切といわざるを得ません。

　パワハラの具体的な内容を主張しないならば、上司からの指揮命令に従わない根拠はないと考えざるを得ませんし、みようによってはパワハラを主張することで意に沿わない指導を回避しようとしているようにすらみえるケースもあります。

　あくまでも具体的な事情を主張しないということであれば、①使用者としては、パワハラはないことを前提に考えざるを得ないこと、②パワハラがないにもかかわらず上司からの指示に従わないことは服務規律の

上で問題があり、場合によっては処分の対象になることなど、主張しないことの影響を丁寧に説明し、その上で主張をするのか否かの判断を求める必要があるといえるでしょう。

ウ　事実関係の調査

具体的な訴えがあった場合、当事者からのヒアリング、周囲の人間からのヒアリング、メールやチャットなど客観的な資料の調査などを行った上で、事実関係について確認することになります。

エ　使用者としての判断

事実関係を調査の上で、使用者としてパワハラに該当する事実があったのか否かについて判断を行うことになります。これは、法的な価値を含めた判断を行う必要があることから、顧問弁護士などの意見も踏まえて判断されることが多いところです。

パワハラがあったと判断される場合には、上司に対しその旨を伝え、改善を求めたり、場合によっては懲戒処分なども検討したりすることになります。

あわせて、パワハラがあったにもかかわらず、被害にあった部下と同じ部署で業務を継続することは適当とはいえません。

被害者、加害者それぞれについて配置転換などを検討することになります。

他方で、パワハラはない、という判断に至った場合には、その旨を訴えた労働者に対し丁寧に説明していくことになります。

本事例のようなケースであれば、パワハラと評価すべき事情はないことに加え、上司からの指示には従うように明確に指導していくことで状況の改善を目指すことになります。

なお、今回の調査でパワハラの事実が認定されなかったとしても、今後、あらためてパワハラと評価される問題が起こる可能性はあり得ます。

〈事例2〉

労働者に対しては、今後、もし問題が起きた場合には速やかに相談するように伝えていくことは使用者のスタンスとして重要でしょう。

オ　労働者が納得しない場合

パワハラの訴えがなされ、調査の結果パワハラには該当しないという結論に達したとしても、労働者が納得しないことはあり得ます。

あくまでもパワハラであると主張し、上司からの指示に従おうとしないのであれば、従うよう明示的に業務命令を発していくことになります。

その後の対応としては基本的には事例1と同じ流れになります。

押さえておきたい法律知識

1　時間外労働の業務命令権について

前記のとおり、日立製作所事件においては、就業規則で36協定の範囲内で時間外労働を命じることができる旨、就業規則で定められており、時間外労働を命じることが可能であるとされています。

日立製作所事件　最判平成3・11・28民集45巻8号1270頁[27810301]

労働基準法（昭和62年法律第99号による改正前のもの）32条の労働時間を延長して労働させることにつき、使用者が、当該事業場の労働者の過半数で組織する労働組合等と書面による協定（いわゆる36協定）を締結し、これを所轄労働基準監督署長に届け出た場合において、使用者が当該事業場に適用される就業規則に当該36協定の範囲内で一定の業務上の事由があれば労働契約に定める労働時間を延長して労働者を労働させることができる旨定めているときは、当該就業規則の規定の内容が合理的なものである限り、それが具体的労働契約の内容をな

> すから、右就業規則の規定の適用を受ける労働者は、その定めるところに従い、労働契約に定める労働時間を超えて労働をする義務を負うものと解するを相当とする。

2　労働者代表の選出

(1) 要件と選出方法

　事業場の過半数労働者を組織する労働組合が存在しない場合、労使協定の締結や就業規則の制定・改正の意見聴取については、事業場労働者の過半数を代表する者との間で行うこととなります。

　この点、過半数代表者については、労基則6条の2第1項で、次の条件を満たすことが必要とされています。

①管理監督者（労基法41条2号）でないこと
②法に規定する協定等をする者を選出することを明らかにして実施される投票、挙手等の方法による手続により選出された者であること
③使用者の意向に基づき選出されたものでないこと

　また、使用者には、労働者代表であること、労働者代表になろうとしたこと、労働者代表として正当な行為をしたことを理由とする不利益取り扱いが禁止されると共に、労働者代表が事務を円滑に遂行することができるように必要な配慮を行うこととされています。

(2) 労働者代表の選出に問題がある場合の協定の効力

　労働者代表の選出手続に問題がある場合、協定は無効となります。

　リーディングケースとされているのがトーコロ事件（東京高判平成9・11・17労働民集48巻5=6号633頁［28030367］）です。役員を含めた全従業員によって構成されている親睦団体の代表者が自動的に代表者にされていたケースで、この代表者によって締結された36協定が無効とされました。

トーコロ事件判決の当時は、労働者代表の選出に関して特別の規定は設けられていませんでしたが、前記のとおり、現在では労基則で労働者代表の要件も定められています。

　労働者代表の選出手続に問題があるとして協定の効力や就業規則の改定の効力が否定されることは労務管理上大きな問題となりかねませんので注意が必要です。

3　パワハラの類型

　前記のとおり、パワハラについては労働施策総合推進法に示されたパワハラの定義及び同法を受けて示された指針を理解することが適切です。

　特に、パワハラの定義について詳細に示した上で、パワハラに該当する典型的な例として、具体的に次の6類型が示されています。

①身体的な攻撃（暴行・傷害）
②精神的な攻撃（脅迫・名誉棄損・侮辱・ひどい暴言）
③人間関係からの切り離し（隔離・仲間外し・無視）
④過大な要求（業務上明らかに不要なことや遂行不可能なことの強制・仕事の妨害）
⑤過小な要求（業務上の合理性なく能力や経験とかけ離れた程度の低い仕事を命じることや仕事を与えないこと）
⑥個の侵害（私的なことに過度に立ち入ること）

　指針の中では6類型にあたる場合、あたらない場合についての事例が示されています。労働者との議論の中でこの6類型を踏まえた議論がされることも多くなっていますので、正しく理解しておくことは非常に重要です。

　もっとも、実際に6類型に該当するか否かについて判断をする上では、前提となる事実認定を含め難しい判断を迫られるケースが多いことも事実です。

例えば身体的な暴力行為が許されないことは当然ですが、パワハラに該当するか否かは故意によるものなのか、過失によるものなのかで変わってきます。
　また、過少な要求がパワハラに該当するとはいっても、実際に他の業務を担当させた結果ミスが多いなど成果があがらず、軽易な業務以外任せられないといったようなことはあり得ます。このような場合にパワハラに該当するかの判断は、多分に評価を伴うところといえるでしょう。
　判断にあたっては適切な事実認定と、裁判例なども踏まえた正しい評価が重要になります。

〈事例3〉

| 事例 3 | 労働者が就業時間に頻繁に離席し、終業時刻後には社内に残っているケース |

　労働者Aは就業時間中に何度も離席し、場合によっては30分近くどこに行っているのか不明なこともある。また、終業時刻を過ぎても同僚とおしゃべりをしているばかりでなかなか帰ろうとしない。

　使用者としてどう対応すべきか？

企業への
アドバイスを行う際のポイント

　本事例では、就業時間中の離席と、終業時刻後の社内への残留が問題となっています。

　法的な観点では労働時間管理の観点から問題となりますので、まずは現状が放置された場合の法的リスク（残業代請求や労災認定）を丁寧に説明し、対応の必要性を理解してもらうことが重要です。その上で、どのような形で対応をしていくかについて具体的に示していくことが重要になります。

 対応のポイント

1　労働時間管理の重要性

　本事例では、問題点としていろいろな要素がありますが、労働時間の管理という観点からみて、大きな問題となる可能性があります。

問題が顕在化するのは、労働者から残業代の請求を受けた場合や、労働者が精神疾患に罹患し、労災申請がなされたような場合です。

　すなわち、労基法上、原則として1日8時間、週40時間を超える労働がされた場合には割増賃金の支払義務が発生しますし、一定基準を超えた時間外労働が行われた場合には刑事罰の対象にもなります。

　また、業務が原因で労働者が精神疾患に罹患したとして労災の申請がなされた場合には、厚労省が示している「心理的負荷による精神障害の認定基準」（最終改訂令和5年9月1日）に基づいて判断がされます。

　この基準では、精神疾患の発症と業務との関連性について事象毎にその評価が示されていますが、長時間労働があることは重要な考慮要素として明確に指摘されています。

　そして労災認定にとどまらず、安全配慮義務違反を原因とする損害賠償請求などでも、長時間労働の事実は重要な要素となってきます。

　このように、長時間労働が企業経営に及ぼす影響は多方面に及びます。

　もっとも、本事例のようなケースでも長時間労働となってしまうのかと疑問に思われるかもしれませんが、本事例のような状況を放置してしまった場合、実際には労働していないにもかかわらず、労働時間と認定されてしまう危険があります。

　実際に長時間労働が行われてしまっているような場合であればともかく、本事例のように、職場内にいる時間は長くても実際には労働をしているとは評価できないようなケースで、使用者としての責任が生じる事態は避けなければなりません。

　適正な形で労働時間を管理することが求められているといえます。

2　就業時間中における対応

（1）離席状況を可視化する

　前提として、労働者には就業時間中は職務に専念する義務があります。本事例では、頻繁に離席し、30分近くもどこに行っているのかわからな

〈事例3〉

いことがある、ということですが、業務上の必要性がないにもかかわらず、このような離席を繰り返しているのだとすれば、問題があるといわざるを得ません。

　適切な形で指導を行い、状況を改善することが必要となります。

　ただ、ここで注意が必要なのは「離席が多い（いつもデスクにいない）」、といった状況は、ともすると印象論になりかねないという点です。

　離席が多いのではないか、というレベルで軽く注意をして改善されるのであれば問題ありませんが、改善されないようであればより具体的に業務命令を発していく必要がでてくる可能性があります。

　その際、そもそも離席が多いのかどうかという点が争いとなることは適切ではありません。離席しているか否かは本来客観的な事象であり、抽象的、かつ主観的に離席が多いか否かを言い争うような類のものではありません。

　改善に向けた取り組みとしては、実際の離席の状況、つまり、何時何分に離席し、いつ戻ったのか、また、離席の原因は上司として把握できているのかを客観的に記録しておくことが必要になるところです。

　具体的な方法としては、使用者側で、目視で記録することもあり得ますし、状況によっては離席の際に労働者から申告をしてもらうことも考えられます。

　なお、当然ながら、調べた結果、離席自体が必ずしも多いわけではない、ということもあり得ます。

　仕事が遅かったりする場合に、離席ばかりして仕事をしていないから、などといった印象を持ってしまっていることもありますので注意が必要です。仕事が遅い原因が別にあるのだとすれば、その原因は別途究明する必要があります。

（2）離席の理由について回答を求める

　実際に離席の状況を確認し、客観的にみて離席の頻度や時間が多いこと

が確認できた場合、離席の理由を確認することになります。

　離席の記録を示した上で、どこで何をしていたのかを明らかにするように、労働者に明確に指示（命令）を出していくことが適切です。

　なお、当然ながら離席していても業務上必要なものであればなんら問題はないですし、単に上司が把握できていないだけの可能性もあり得ます。

　離席が多いことが非難に値するかどうかという点はいったんおいて、まずは離席していた理由についての回答を求めることが適切でしょう。

　なお、時間が経ってしまうと、「覚えていない」などの回答が出てくる可能性があります。離席時間の確認も作業として負担がかかりますので、離席が確認できた時点で速やかに理由について回答を求めるべきといえます。

（3）離席理由が明らかにされた場合

　離席の理由について労働者からの回答を踏まえ、その理由の妥当性について確認し、必要に応じて指示を行っていくことになります。

　例えば、勤務時間中に喫煙することがある程度黙認されている職場で、煙草を吸いに行っている、ということであれば、回数や時間について制限をしていくことが想定されます。

　休憩時間以外は喫煙を禁止することもあり得ますが、他の労働者の喫煙が黙認されている状態で1人だけ禁止することについては、差別的な取り扱いとして問題となる可能性があるので注意が必要です。実施するのであれば就業規則への明記なども含め、組織全体として対応すべきと考えられます。

　他には、体調不良やトイレでの離席ということもあり得ます。

　生理現象でもあり、実際に症状があるのであれば、離席を認めないことは不適当でしょう。

　ただ、実際に、離席が多いと上司が感じて指導の必要性を認識している状態だとすると、たまたま1日だけ体調が悪いというケースは少ないよう

〈事例3〉

に思われます。

　あまりに頻度が高かったり、時間が長かったりするような場合には、そもそもトイレで何をしているのか、という疑問が出てきます。

　長時間が経過しているようなケースであれば、個室内でスマホなどを見ているのではないか、と疑うこともあり得るでしょう。

　体調が悪いのであればそのことを確認する必要もありますので、不審に思われるケースでは、呼びかけに行くなどの対応を行うことも考えられます

　また、本当に何度もトイレで離席しているとすると、そもそも就労自体が可能な状態なのか、という問題が生じてきます。

　つまり、雇用契約に基づいて、労働者には勤務時間中は職務に従事する義務があるのであって、就業時間中に長時間の離席が避けられないとすれば、それは雇用契約上の債務不履行に該当する可能性は高くなります。

　使用者としては、状況に応じて、診断書の提出を求めた上で、就労可能ということであれば過度の離席は問題として改善を求めるべきですし、体調面で問題があるということであれば場合によっては休職制度の利用などを検討する必要が出てくる可能性があります。

　なお、この点に関連して、トイレの回数を制限するような規定を就業規則に盛り込めないかといった質問を時折受けることがあります。

　ただ、生理現象に関するものですし、実際に体調が悪い場合にはやむを得ない場合もありますので、画一的に回数を規制することは不適当と考えられます。

（4）理由を明らかにしない場合

　例えば、使用者側が目視で記録を取っていたような場合、離席の事実自体を否定することもあり得ます。

　こちらで取った記録の正確性が問題となるところですが、仮にそのような反論が出るのであれば、まず今後については離席にあたって都度申告す

ることを求めるべきでしょう。

　また、離席自体は否定しないものの、理由について明らかにしないこともあり得ます。

　この場合には、長時間の離席は雇用契約上問題であることを示した上で、離席の理由を明らかにするよう命じ、加えて、離席自体について都度申告を行う形を取ることが適切と考えられます。

（5）感情的な反論に振り回されない

　印象としての側面が強いのですが、このようなケースで指導を行うと、感情的な反論がされることが多いように感じています（当然のことながら正確に統計を取っているわけではないので、あくまでも印象論です）。

　例えば、「トイレに行くなと言うのか。」と大声で騒がれたり、パワハラやセクハラといった訴えがなされることも多い印象です。

　感情的な反論がされた場合の対処としては、やはり基本的には冷静に対応することが求められます。

　トイレに一切行くなと言っているわけではなく、その頻度や時間を問題にしているといった点を端的に指摘すべきですし、パワハラやセクハラといった訴えがされた場合には、事例2で示したような対応をしていくことになるでしょう。

　もっとも、1点注意が必要なのは、女性の労働者の体調不良について確認する場合です。

　典型的には体調不良の原因が生理の影響によるような場合ですが、男性に対しては話しにくい面が多いことを踏まえ、女性が聴き取りを行うなどの配慮が求められるところです。

　このような場面でセクハラなどの訴えに発展することを避けるための配慮は必要です。

（6）賃金控除の可否

　法的な議論としては、離席している時間は労働時間ではなく休憩時間にあたるので、賃金を控除することができないか、という問題があります。

　この点に関しては、喫煙に伴う離席が労働時間にあたるか、という点が争われた裁判例が複数存在しています。

　これについては、労働時間にあたるとされたケースも、休憩時間にあたるとされたケースもあります。判断枠組みとしては、就労場所と喫煙場所との隔離の程度や、業務上対応が必要な事態に対応できるか、といった点を踏まえて、労働から解放されていると評価できるか否かで判断されています。

　ただ、後記泉レストラン事件では喫煙に伴う休憩について概括的に1日1時間と認定されていますが、賃金控除として処理する上では、何時から何時という形で実際の時間を特定する必要があると考えられますので注意が必要です。

〈労働時間として認定された裁判例〉

> 岡山県貨物運送事件　仙台高判平成26・6・27判時2234号53頁[28223808]（原審　仙台地判平成25・6・25労判1079号49頁[28212813]）
>
> 　喫煙時間についても、業務の合間を見て休憩室へたばこを吸いに行っていたものであり、休憩室が事務所やホームから近距離にあることや何かあればすぐ業務に戻らなければならなかったことからすれば、喫煙時間を休息のために労働から完全に解放されることを保障されていた時間であるということはできず、休憩時間とみることはできない。

国・北大阪労基署長事件　大阪高判平成21・8・25労判990号30頁
[28153917]
　休憩時間とは、労働者が労働時間の途中において休息のために労働から完全に解放されることを保障されている時間であるところ、仮に控訴人が本件店舗内の更衣室兼倉庫で喫煙していたとしても、店内で何かあればいつでも対応できる状態であったから、休息のために労働から完全に解放されていることを保障されているとは到底いえず、休憩時間とはいえない。

〈休憩時間として認定された裁判例〉

泉レストラン事件　東京地判平成29・9・26労経速2333号23頁
[29031586]
　原告らは、昼食休憩のほか、所定勤務時間中に、1日、4、5回以上、勤務していた店舗を出て、所定の喫煙場所まで行って喫煙していたこと、原告らは喫煙のために一度店舗を出ると、戻るまでに毎回10分前後を要していたことが認められる。そして、労基法32条の労働時間とは、労働者が使用者の指揮命令下に置かれている時間をいうと解すべきところ、喫煙場所が勤務店舗から離れていることや喫煙のための時間を考慮すると、原告らが喫煙場所までの往復に要する時間および喫煙している時間は、被告の指揮命令下から脱していたと評価するのが相当であり、昼食休憩にこれら時間を加え、原告らは、1日に1時間の休憩を取得していたとするのが相当である。

　以上は喫煙時間を休憩時間とみることができるか、という点に関しての議論ですが、それ以外の理由での離席、例えばトイレでの短時間の離席を休憩として評価することは適当ではないでしょう。
　他方で、正当な理由なく長時間離席していたような場合（例えば1時間

離席していたが、どこで何をしていたか弁明もない場合）には、個別的に労働時間に該当しないものとして控除を行うことは考えられます。この場合にはトラブルを避けるために労働者との間で確認書などを交わしておくことが適切でしょう。

（7）パフォーマンスの問題との関連

これまでは直接的に離席の事実自体を問題としてきましたが、事案によっては労働の成果があがっていないことを問題とする方が適切な場合もあり得ます。

例えば、通常であれば就業時間内で十分に終わらせることができる業務であるにもかかわらず終わっていないような場合です。

一見して集中して業務に取り組んでおらず、離席も多いといった場合には、離席の時間を確認する手間をかけるよりも、端的に成果が上がっていないことを問題として指導を行うことで改善を目指すことも考えられるところです。

状況に応じて、どのような形で指導を行うのが適切かを検討する必要があります。

3　終業時間後の対応

（1）残業を命じていない以上、関係ないのか

特に業務上の必要性がないにもかかわらず、終業時間後も退勤せず、社内に残っている場合、どのような対応が必要でしょうか。

このようなケースで実際に紛争になった場合、使用者からは、そもそも残業を命令していないし、勝手に残っているだけなので労働時間にはあたらない、といった意見が出されることが多いです。

確かに、労働時間は使用者の指揮命令下にあるか否かで判断されますので、業務として命じていない中で勝手に行われたものが当然に労働時間に該当するわけではありません。

ただ、残念ながらこのようなケースは使用者側の主張はほぼ排斥されています。

終業時間後に社内に残り、業務を継続していることを認識しながらこれを放置しているような場合には、「黙示の業務命令」があるものと評価され、実質的に指揮命令下にあるものと判断されてしまうからです。

業務を指示してなどいないのに指示があったと判断されるのはおかしいという意見はわかるのですが、他方で、とても就業時間内では終わらないような業務を任されて終業時間後も業務をせざるを得ないようなケースについて、明示的な残業の命令がないことを理由として労働時間に該当しないとすることは妥当性を欠くといえます。

使用者がそのような状況を黙認し、黙示的な業務命令が認定されてしまっているのが現状ですので、前記のような判断をされる可能性を踏まえた上で対応を検討する必要があります。

（2）残業禁止命令

前記のとおり、直接的に残業を命じていないにもかかわらず、黙示の業務命令が認定されてしまう危険性があることからすれば、対応のポイントは、黙示の業務命令を排斥すること、言い換えれば、黙示の業務命令も出していないと判断される状況にすることが求められます。

これについては、参考になる事例が２つあります。

１つ目は、神代学園ミューズ音楽院事件（東京高判平成17・3・30労判905号72頁［28101587］）の判決です。

この裁判例では、使用者側が明示的に残業を禁止する命令を出していた中で、これに反して行われた業務のための時間が労働時間に該当するかが争われています。

裁判所は、繰り返し残業を禁止する旨の業務命令が発せられ、残務がある場合には役職者に引き継ぐことを命じ、この命令を徹底していた、という認定の下、これに反して行われた労働のための残業時間を時間外労働と

は認められないと判断しました。

　大切なポイントは、単に残業を禁止するという命令を発しているにとどまらず、業務が残っている場合には役職者に引き継ぐことも命じ、残業を行わないで済む方策も手当てをしているという点です。

　これらの業務命令に基づく運用が徹底されていることを前提に、労働時間に該当しないと判断されています。

　もう1つの判例は、大林ファシリティーズ事件（最判平成19・10・19民集61巻7号2555頁［28132281］）です。

　これはマンションの管理員として住み込みで就労していた夫婦の残業代請求に関する事案です。

　この判例で重要なのは土曜日の労働時間に関する判示部分です。

　まず、前提として平日については2人分の労働時間として認定されています。

　その上で土曜日の労働の状況については、平日と変わるところはないものとされているのですが、土曜日については結論として1人分だけが労働時間として認定されました。

　その理由としては、会社からの指示と業務の状況が指摘されています。

　まず、土曜日はいずれか1人が業務を行い、業務を行った者は、翌週の平日のうち1日を振替休日とすることについて、会社が本件管理員の承認を得ていたことです。

　そして、土曜日の勤務は1人で行うため巡回などで管理員室を空ける場合に他方が待機する必要はないことなどを会社が指示していたこと、そもそも管理員の業務は実作業に従事しない時間が多く軽易であるから基本的には1人で遂行することが可能であったということが指摘され、結論として1人のみが業務に従事したものとして労働時間を算定するのが相当であるとしています。

　神代学園ミューズ音楽院事件では残業を禁止するという命令が出されていたのと対比すると、大林ファシリティーズ事件では残業を禁止すると

いった指示は出されていません。

　ただ、平日は2人で行っている業務について、土曜日は1人で行うように指示を出しています。これは、角度を変えてみれば、土曜日は2人で業務を行うことを禁止し、1人で業務を行うことを指示しているものといえます。

　実質的にみれば残業を禁止し、かつ実際の業務量という観点からみても、残業をする必要がないという状況の下では、2人で業務を行っていたとしても1人分の労働と評価されている点は重要な意味を持ちます。

　このように、終業時間後に特に用もないのに社内に残っているようなケースで、黙示の業務命令もなかったことを明らかにしていくためには、①残業を禁止する旨を明示的に業務命令として発すること、②実際に残業を行わないことを可能にする状況が整っていること、の2点を踏まえて対応していくことが必要です。

神代学園ミューズ音楽院事件　東京高判平成17・3・30労判905号72頁［28101587］

　賃金（割増賃金を含む。以下同じ。）は労働の対償であるから（労基法11条）、賃金が労働した時間によって算定される場合に、その算定の対象となる労働時間とは、労働者が使用者の指揮命令下にある時間又は使用者の明示又は黙示の指示により業務に従事する時間であると解すべきものである。したがって、使用者の明示の残業禁止の業務命令に反して、労働者が時間外又は深夜にわたり業務を行ったとしても、これを賃金算定の対象となる労働時間と解することはできない。

　前記認定のとおり、被告は、教務部の従業員に対し、平成13年12月10日以降、朝礼等の機会及び原告（中略）を通じる等して、繰り返し36協定が締結されるまで残業を禁止する旨の業務命令を発し、残務がある場合には役職者に引き継ぐことを命じ、この命令を徹底していたものであるから、上記の日以降に原告らが時間外又は深夜にわたり業

務を行ったとしても、その時間外又は深夜にわたる残業時間を使用者の指揮命令下にある労働時間と評価することはできない。

大林ファシリティーズ事件　最判平成19・10・19民集61巻7号2555頁［28132281］

　土曜日の時間外労働について
　土曜日においても、平日と同様、午前7時から午後10時までの時間（正午から午後1時までの休憩時間を除く。）は、管理員室の隣の居室における不活動時間も含めて、労基法上の労働時間に当たるものというべきである。
　また、前記事実関係等によれば、本件会社は、土曜日は被上告人らのいずれか1人が業務を行い、業務を行った者については、翌週の平日のうち1日を振替休日とすることについて、被上告人らの承認を得ていたというのであるが、他方で、被上告人らは、現実には、翌週の平日に代休を取得することはなかったというのである。そうである以上、土曜日における午前7時から午後10時までの時間（正午から午後1時までの休憩時間を除く。）は、すべて時間外労働時間に当たるというべきである。しかしながら、上記のとおり、本件会社は、土曜日は被上告人らのいずれか1人が業務を行い、業務を行った者については、翌週の平日のうち1日を振替休日とすることについて、被上告人らの承認を得ていたというのであり、また、前記事実関係等によれば、本件会社は、被上告人らに対し、土曜日の勤務は1人で行うため、巡回等で管理員室を空ける場合に他方が待機する必要はないことなどを指示していたというのである。さらに、前記事実関係等によれば、そもそも管理員の業務は、実作業に従事しない時間が多く、軽易であるから、基本的には1人で遂行することが可能であったというのである。
　上記のとおり、本件会社は、被上告人らに対し、土曜日は1人体制で執務するよう明確に指示し、被上告人らもこれを承認していたとい

> うのであり、土曜日の業務量が１人では処理できないようなもので
> あったともいえないのであるから、土曜日については、上記の指示内
> 容、業務実態、業務量等の事情を勘案して、被上告人らのうち1名の
> みが業務に従事したものとして労働時間を算定するのが相当である。

　以上が残業禁止命令を出すことによる対応ですが、使用者からは、残業については事前申請と上司による許可を得ることになっており、許可がない残業なので労働時間ではない、といった主張が出されることがあります。
　残業の申請と許可制は一般に多く取られているところですが、この運用が徹底されていて許可がない残業を行っているケースがほとんどないにもかかわらず、勝手に残業をしていたということであれば、許可がない残業は禁止されていたものとして労働時間にはあたらないという判断がされる可能性はあるように思われます。
　ただ、残業許可制とされているものの、なし崩し的に申請や許可のない残業が行われてしまっているような場合には、労働時間に該当すると判断される可能性が高いと思われます。
　運用が徹底されていたか否か、そのことが立証できるか否かが重要になってくるといえるでしょう。

（3）退勤命令

　残業禁止命令は、労働者が社屋内に残っていることを前提とした上で、労働時間として認定されないようにするための対応ですが、より直接的に、終業時間後に社屋内に残ることを禁止することも重要です。
　機密情報の漏洩を防ぐことなど、セキュリティーの観点からも、労働者がむやみに社屋内に残っていることは好ましくありません。
　使用者としては施設を管理する権限がありますので、終業後は速やかに退社することを労働者に命じることも重要です。就業規則で、退社を命じる権限が規定されている場合はもちろん、明文の規定がなくとも勤務が終

わったら退社するよう命じることは可能と考えられます。

（4）タイムカードが打刻してあれば大丈夫か

　前記のとおり、労働者が終業時間後に社屋内に残っているようなケースでは、使用者として適切な対応を行っていく必要があります。

　これに関連して、タイムカードなどで労働時間管理を行っている場合に、タイムカードの打刻がされていれば労務管理として足りているのか、という問題があります。

　すなわち、タイムカードが打刻され、使用者としてはタイムカードの打刻時間が労働時間であると考えているにもかかわらず、労働者からタイムカードの打刻時間は実態を反映していないとして争われるような場合です。

　これについても、例えばタイムカードを打刻した後に業務に関するメールを送信しており、客観的に労働をしていることがうかがわれるような場合には、タイムカードの打刻時間が労働時間であるという主張の信用性が減殺される危険は十分にあり得ます。

　もちろん、使用者として把握し得ないところで勝手に業務が行われることは労務管理としては著しく不適切ですので、タイムカード打刻後の労働は禁止し、やむを得ず打刻後に対応が必要だった場合は報告させるなど、使用者として指示を出し、労働時間管理を行える状況を整えていくことが非常に大切です。

　仮に労働者がこのような指示を無視して勝手に業務を行っているような場合には、そのこと自体が、終業時のタイムカード打刻後は労働時間であることを否定する根拠になるといえるでしょう。

第3章　事例

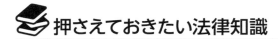
押さえておきたい法律知識

1　労働時間とは

　労働時間について、判例では「労働者が使用者の指揮命令下に置かれている時間」と定義されており、「労働時間に該当するか否かは、労働者の行為が使用者の指揮命令下に置かれたものと評価することができるか否かにより客観的に定まるものであって、労働契約、就業規則、労働協約等の定めのいかんにより決定されるべきものではない」とされています（三菱重工長崎造船所事件　最判平成12・3・9裁判集民197号75頁［28050536］）。

　ポイントは指揮命令下に置かれていると評価できるかが客観的に判断されるという点です。

　最高裁は、義務づけの性格の強い着替え、安全保護具の着用、更衣所から作業場への移動時間などについては労働時間に該当すると判断した一方で、事業場の入退場門から更衣所への移動時間及び休憩中の作業服の着脱の時間については、指揮命令下にはないものとして労働時間にあたらないと判断しています。

　適正な労務管理という観点からは重要な判例であり、例えば近時は制服への着替えを行う事業では、更衣時間についても労働時間であるとして賃金の支払いを求められるケースが増えています。判例の考え方を踏襲したものといえるでしょう。

　この他、厚労省が平成29年1月20日に策定した「労働時間の適正な把握のために使用者が講ずべき措置に関するガイドライン」では、「労働時間とは、使用者の指揮命令下に置かれている時間のことをいい、使用者の明示又は黙示の指示により労働者が業務に従事する時間は労働時間に当たる。」とされています。

　対応のポイントの中では、この黙示的な業務命令を排斥することを意識した対応について説明しているところです。

〈事例3〉

2　手待ち時間と休憩時間

　業務の実態という観点からは、就業時間中のすべての時間に業務に従事しているとは限りません。

　業務開始のために待機をしている時間は、いわゆる手待ち時間として労働時間に該当します。

　他方で、実質的に業務から離脱しており、指揮命令下にない場合には休憩時間として労働時間には含まれません。

　よくある例ですが、昼休みについて事業場で過ごすように指示されており、電話などがかかってきた場合には対応をすることが義務づけられているような場合には、休憩時間ではなく、実際に対応していない時間も含め労働時間と評価されます。指揮命令から離脱できているとは評価できないためです。

　しばしば残業代請求の事案などで問題となるのが、業務時間中にスマホで動画を見たりゲームをしたりしているというケースです。使用者からは、遊んでいて仕事をしていないから休憩であって労働時間ではないと主張されることがよくあります。

　ただ、スマホで動画を見たりゲームをしたりしていることがあったとしても、例えば電話がかかってきたらすぐに対応しなければならない状況にあるとすれば、やはり休憩ではなく手待ち時間と評価される可能性が高いといえます。

　紛争になる前の時点で適切な指導を行い、問題を解消していくことが必要といえるでしょう。

　この点に関連して、長時間の仮眠時間などの不活動時間が休憩時間なのか、手待ち時間なのかが争われたのが大星ビル管理事件（最判平成14・2・28民集56巻2号361頁［28070468］）です。

　24時間勤務でビルの警備・設備運転保全業務を行う労働者の、仮眠室での8時間の仮眠時間が労働時間なのか休憩時間なのかが争われました。

113

最高裁は、労働者が実作業に従事していない仮眠時間であっても、労働契約上の役務の提供が義務づけられていると評価される場合には、労働からの解放が保障されているとはいえず労働時間にあたるとした上で、仮眠時間は、労働者が労働契約に基づき仮眠室における待機と警報や電話等に対して直ちに相当の対応をすることを義務づけられており、そのような対応をすることが皆無に等しいなど実質的に上記義務づけがされていないと認めることができるような事情も存しないなど判示の事実関係の下においては、実作業に従事していない時間も含め全体として労働時間にあたると判断しました。

　労働時間に該当しないという主張を基礎づけるために仮眠時間中の対応の実績などを踏まえて対応を検討する他、労働時間にあたることを前提として、監視・断続的業務（労基法41条3号）としての体制を整えて許可を取るなどの対応が想定されるところです。

3　精神障害での労災認定と長時間労働

（1）通達の発付

　近時、うつ病や適応障害などの精神障害を原因とする労災の申請が増加の一途を辿っています。

　その中で、厚労省は労災申請がされた場合の判断について、「心理的負荷による精神障害の認定基準」を定め、その基準を明らかにしています。この基準は当初平成23年に公表されましたが、その後改訂され、令和5年9月1日に発せられた基発0901第2号が最新のものになっています。

（2）認定要件

　上記通達では、次の3点を満たす疾病が業務上の疾病として取り扱われるとされています。

① 対象疾病を発病していること。
② 対象疾病の発病前おおむね6か月の間に、業務による強い心理的負荷が認められること。
③ 業務以外の心理的負荷及び個体側要因により対象疾病を発病したとは認められないこと。

(3) 労働時間と強い心理的負荷

前記のとおり、発症した精神障害が業務に起因すると認められるためには、業務による強い心理的負荷が認められ、それが原因で発病したと評価されることが必要です。

心理的負荷が強かったと評価される具体例が当該通達の別表1に示されています。その中で、特に長時間労働についてその時間数との関係も含めて具体的な判断基準が示されています。

ア　特別な出来事としての評価

まず、「発病直前の1か月におおむね160時間を超えるような、又はこれに満たない期間にこれと同程度の（例えば3週間におおむね120時間以上の）時間外労働を行った」（極度の長時間労働が認められる）場合について、別表1では「特別な出来事」にあたるとして、心理的負荷の総合評価を強とするとされています。

イ　特別な出来事以外での評価

極度の長時間労働が認められない場合でも、労働時間が評価の対象となり得ます。

具体的には仕事内容・仕事量の大きな変化を生じさせる出来事により時間外労働が大幅に増えた場合（別表1、項目11）の他、1か月に80時間以上の時間外労働が生じるような長時間労働となった状況それ自体を「出来事」とし（同項目12）、その心理的負荷を評価するとされています。

ウ　恒常的な長時間労働

1か月おおむね100時間の時間外労働を「恒常的長時間労働」の状況とし、次の①～③の場合には当該具体的出来事の心理的負荷を「強」と判断するものとされています。

① 具体的出来事の心理的負荷の強度が労働時間を加味せずに「中」程度と評価され、かつ、出来事の後に恒常的長時間労働が認められる場合
② 具体的出来事の心理的負荷の強度が労働時間を加味せずに「中」程度と評価され、かつ、出来事の前に恒常的長時間労働が認められ、出来事後すぐに（出来事後おおむね10日以内に）発病に至っている場合、又は、出来事後すぐに発病には至っていないが事後対応に多大な労力を費やしその後発病した場合
③ 具体的出来事の心理的負荷の強度が、労働時間を加味せずに「弱」程度と評価され、かつ、出来事の前及び後にそれぞれ恒常的長時間労働が認められる場合

（4）複合要因での評価

長時間労働単体で心理的負荷が強と評価されない場合であっても、他の要因と複合的に評価した場合に、全体として心理的負荷が強と評価されることはあり得ます。

1か月80時間程度の時間外労働がある場合は、心理的負荷は単体では中と評価されていますが他の事情とあわせて評価された場合には強と評価される可能性があるということです。

以上のように、精神障害での労災申請において、長時間労働の事実は重要な要素の1つと考えられています。

この観点からも長時間労働の是正は重要な意味を持つといえます。

〈事例4〉

事例 4　労働者から有給休暇を申請されたケース

1　シフト制で交代勤務を行っている事業所において、労働者Aは出勤日として指定されているにもかかわらず、出勤時間の1時間前に有給休暇を取得するとメールを送ってきた。

急に休まれては業務に支障をきたす状況ではあったが、緊急のことでもあるので有給休暇取得の理由について確認するためメールに返信をし回答を求めたものの、労働者Aからは返信がないまま始業時間を過ぎてしまった。

使用者としてどう対応すべきか。

2　労働者Bが、突然、「退職します。明日から退職日までは有給休暇を取得するので出社しません。」と言ってきた。

引継ぎだけはしっかりやってもらわないと困るといったが、労働者Bは聞く耳を持たない。

使用者としてどう対応すべきか？

企業への　アドバイスを行う際のポイント

本事例では労働者から有給休暇の申請がされた場合の対応が問題となっています。

有給休暇の取得に対する意識が大きく変わってきている中で、申請があった場合に使用者として時季変更権を行使できるのか否かの判断に迷ってしまっているケースは少なくありません。事業の正常な運営の妨げとなる場合には時季変更権を行使できることを前提として、裁判例などを踏まえて、時季変更権が認められる

117

> のはどのような場合なのかを丁寧に伝えていくことが重要です。

👆対応のポイント

　本事例では有給休暇の申請への対応が問題となっています。

　対応を検討する前提として、まずは有給休暇に関する基本的な法的枠組みを正しく理解しておくことが重要です。

　この点、労基法39条5項では有給休暇の申請について次のように定められています。

　「使用者は、前各項の規定による有給休暇を労働者の請求する時季に与えなければならない。ただし、請求された時季に有給休暇を与えることが事業の正常な運営を妨げる場合においては、他の時季にこれを与えることができる。」

　まず、有給休暇について、判例では二分説と呼ばれる考え方が採用されています（林野庁白石営林署事件　最判昭和48・3・2民集27巻2号191頁［27000507］、国鉄郡山工場事件　最判昭和48・3・2民集27巻2号210頁［27000506］）。

　これは、年次有給休暇の権利の発生と具体的にいつ有給休暇を取得するかという時季指定権とを切り分けてとらえる考え方です。

　すなわち、有給休暇の権利自体は、労働者が6か月間継続勤務し、8割の出勤率という客観的な要件を充足すれば法律上当然に発生するものとされ、労働者が請求することによって発生するものではないとされています。

　その上で、客観的要件を満たして発生している有給休暇の権利について、その取得時期を具体的に特定するための「時季変更権」を定めたのが、労基法39条5項の「労働者の請求する時季に与えなければならない」とする規定であるとされます。

以上の考え方を前提として、判例（前掲林野庁白石営林署事件［27000507］）では具体的に休暇の始期と終期を特定して時季指定をした場合について、客観的に「事業の正常な運営を妨げる」場合に該当し、使用者がこれを理由として時季変更権を行使しない限り、時季指定によって年次有給休暇が成立するものとしています。

　休暇の時季を特定した年次有給休暇の申請（時季指定権の行使）はいわば有給休暇を成立させる形成権としての性格を持ち、使用者が適法に時季変更権を行使することがその解除条件とされているのです。

　このような有給休暇の時季指定と使用者による時季変更権の関係性を踏まえ、使用者としては有給休暇の申請があった場合でも、業務に支障をきたす可能性が高いような場合には、適切に時季変更権を行使することが必要です。本事例でも時季変更権の行使を検討することになります。

　ただし、時季変更権の行使に関連して1点注意が必要なケースは、恒常的に人員が不足しているようなケースです。

　人員不足のために代替要員の確保が常に困難であるという状況であれば、年休権の保証の趣旨から時季変更事由の存在を認めるべきではない、とされています（菅野和夫＝山川隆一『労働法〈第13版〉』弘文堂（2024年）500頁）。

　適正な労務管理という観点からは、使用者としては有給休暇を取得できる体制を構築した上で、必要な場合に適切な形で時季変更権を行使することが重要になります。

【 1 について】

　1の事例では、シフト制で出勤日とされている日の出勤時刻1時間前に突然有給休暇を申請しています。

　対応としては、業務に支障をきたすことを理由として、時季変更権を行使することが考えられます。

1　「事業の正常な運営を妨げる場合」にあたるか

　まず、時季変更権行使の前提として「事業の正常な運営を妨げる場合」にあたるかが問題となります。

　どのような場合に「事業の正常な運営を妨げる場合」に該当するかについては、一般的には、事業の内容・規模、時季指定をした労働者の担当職務の内容・性質・職場での配置、代替要員の配置の難易、作業の繁閑、指定された年休日数、労働者による事前調整の状況、他の労働者の時季指定の状況などの事情を総合考慮して判断されます。

　本事例では、有給休暇の申請が出勤時間の1時間前ということで、代替要員を手配する時間的余裕はないものと考えられます。

　業務の内容や業務の繁閑などにもよりますが、業務に支障をきたすおそれが相当程度あると考えられます。

　時季変更権行使の前提としての「事業の正常な運営を妨げる場合」にあたると評価される可能性は高いでしょう。

2　始業時間を過ぎてしまった場合にも時季変更権を行使できるか

　時季変更権行使が可能なケースであるとして、本事例では有給休暇取得の理由を問い合わせているうちに始業時刻を過ぎてしまっています。

　始業時刻を過ぎた場合にもなお時季変更権を行使することができるかは問題となり得ます。

　この点、前記のとおり労働者が日時を特定して有給休暇の申請を行った場合には、時季変更権が行使されない限り有給休暇が成立するものとして、いわば時季変更権の行使を有給休暇成立の解除条件としてとらえる以上、時季変更権は基本的には始業時刻よりも前に行使される必要があります。

　もっとも、有給休暇の申請が直前となったような場合には、時季変更権を行使するか否かを検討する時間が不足し始業時刻を過ぎてしまうことがあることも否定できません。

〈事例4〉

　このような場合について、最高裁は電電公社此花局事件（最判昭和57・3・18民集36巻3号366頁［27000097］）において、次のように判示しています。
　「労働者の年次有給休暇の請求（時季指定）に対する使用者の時季変更権の行使が、労働者の指定した休暇期間が開始し又は経過した後にされた場合であつても、労働者の休暇の請求自体がその指定した休暇期間の始期にきわめて接近してされたため使用者において時季変更権を行使するか否かを事前に判断する時間的余裕がなかつたようなときには、それが事前にされなかつたことのゆえに直ちに時季変更権の行使が不適法となるものではなく、客観的に右時季変更権を行使しうる事由が存し、かつ、その行使が遅滞なくされたものである場合には、適法な時季変更権の行使があつたものとしてその効力を認めるのが相当である。」
　この判例は、時季変更権の行使は可能（適法）であるものの、請求の理由によっては時季変更権を行使しないことが適切な場合もあるため、請求の理由を問い合わせていた結果、始業時刻を過ぎてしまったというケースで、最高裁は結論として時季変更権の行使を適法としています。
　本事例でも、有給休暇の申請がなされたのが始業時刻の1時間前であること、有給休暇申請の理由を問い合わせているうちに始業時刻を過ぎてしまっていることからすると、速やかに時季変更権を行使すればその行使は適法と評価される可能性が高いといえます。
　まずは、速やかに時季変更権を行使すべき事案といえるでしょう。
　なお、本事例では有給休暇の請求の理由を問い合わせているうちに始業時刻を過ぎてしまっています。結論として、始業時刻を過ぎてしまっていても時季変更権の行使は適法と評価される可能性が高いところではありますが、始業時刻を過ぎた後に時季変更権を行使した点が問題とされる可能性があることは否定できません。
　時季変更権を行使することができる事案であれば、むしろ時季変更権を行使する旨明確に通知した上で、請求の理由その他の事情によっては有給休暇の取得を認めることがあるので、事情を明らかにするよう求めること

が適切と考えられます。

　一般的に、急病を理由とする欠勤を有給休暇を取得したものとして扱う場合には同様の処理を行っている（直前の申請であるが、理由がやむを得ないものであるとして有給休暇の取得を認めている）ところですので、それと同様に処理することが想定されます。

3　時季変更権を行使した後の対応

　時季変更権を行使した場合、労働者Ａが出勤すれば出勤時刻までは遅刻として、出勤しなかった場合は欠勤として処理をすることになります。

　また、遅刻や欠勤の理由については理由を記載した弁明書の提出を求め、その内容を踏まえて場合によっては懲戒処分を検討していくことになります。

　これに対して労働者側が、そもそも時季変更自体が無効であり有給休暇が成立しているとして、懲戒処分が無効であることの確認を求めたり、賃金の支払いや慰謝料の支払いを請求してきたりすることが想定されます。

　その場合には、使用者側は、時季変更権の行使は正当であることを主張し、反論していくことが想定されます。

　その際、時季変更権行使にあたってどのような根拠を持って事業の正常な運営を妨げると判断したのかを明確に示していく必要がありますので、時季変更権を行使した場合にはその判断根拠についてはある程度整理してまとめておくことが適切です。

【 2 について】

1　時季変更権を行使できるか

　2の事例は、退職の申入れを行うとともに、翌日から退職日までの有給休暇を申請し、引継ぎを行おうとしないという事例です。

　退職する際に利用していない有給休暇をまとめて取得することが当然の

こととして行われるようになったことで出てきた問題ということもできます。

　この点への対応として、引継ぎを行わないことが「事業の正常な運営を妨げる場合」にあたるとして時季変更権を行使することはできるでしょうか。

　これについては、時季変更権の行使には、「他の時期に有給休暇を与える」可能性があることが前提として想定されています。そのため、退職時に未消化の有給休暇を一括して時季指定してきた場合には、他の時期に有給休暇を与える可能性がないため、時季変更権は行使し得ないものと考えられます（前掲菅野＝山川499頁、昭和49年1月11日基収5554号）。

　本事例で時季変更権を行使することは違法と評価される可能性が高いでしょう。

2　他に手段はないのか

　時季変更権が行使し得ない以上、申請された日については有給休暇が成立します。

　もっとも、引継ぎが行われないことによって業務上支障が生じることは予想されますので、具体的な不都合を説明して引継ぎを行うことを要請することが考えられます。場合によっては、引継ぎを行うことで消化しきれなくなる有給休暇を合意によって買上げるなどの対応をすることも考えられます。

　もっとも、これはあくまで要請にとどまりますので、強制することはできません。このような要請を拒絶された場合に取り得る手段としては、引継ぎのために休日出勤を命じることが考えられます。

　当然ながら、36協定が締結されているなど、法律上、休日出勤を命じることができることが前提にはなりますが、あくまで有給休暇を取得し引継ぎが行われない場合には、業務上の必要性がある場合として休日出勤を命じることはやむを得ないところでしょう。

ここまでやってもなお引継ぎが行われず、現実に使用者側に損害が生じたような場合には、損害賠償請求も視野に入れる必要がある場合もあり得るでしょう。

3　退職時の引継ぎは義務なのか

本事例では有給休暇の請求に対する対応が問題となっていますが、引継ぎを命じる前提として、そもそも退職時に引継ぎを行うことが法律上の義務といえるのかは一応検討しておく必要があると考えられます。

この点、就業規則において明文で引継ぎを行う義務が明記されている場合には、雇用契約上の義務を明文化したものとして、労働者には引継ぎを行う義務があり、使用者も当然に引継ぎを命じることができます。

他方で、就業規則上、明文で引継ぎの義務が規定されていない場合はどうでしょうか。この場合も少なくとも使用者が、雇用契約上の指揮命令権に基づいて新しい担当者に対して業務を引き継ぐよう命じることは可能で、労働者は引継ぎを行う義務があるものと考えられます。

ただ、就業規則に明示がない場合には、理屈の上では業務命令を行ったことによって生じる義務ととらえられる可能性もありますので、有給休暇の消化に入る前の段階で明示的に引継ぎを行うよう業務命令を発しておくことが適切でしょう。

いずれにしても、引継ぎに関してはトラブルが増加しているところですので、就業規則の中に明示的に引継ぎ義務を規定しておくことが適切と考えられます。

押さえておきたい法律知識

1　時季変更権を行使する場合の方法

労働者が日時を特定して有給休暇の申請を行ったことに対し、時季変更

権を行使する場合、使用者としては何を伝えれば足りるかが問題となります。

この点、労働者はいつでも別の日を有給休暇の対象日として指定することができることから、代わりの日を使用者が提案する必要はありません。

判例では、有給休暇の申請に対し使用者が「承認しない」との意思表示を行ったことも時季変更権行使の意思表示にあたるとされています（前掲電電公社此花局事件［27000097］）

また、複数の日にまたがる有給休暇の申請がされた場合には、一部の日についてのみ時季変更権を行使することも可能です。

2　有給休暇申請の期限を就業規則で設けることは可能か

労働者からの有給休暇の申請について、就業規則で一定の期限を設けることができるかが問題となります。

この点、判例では、勤務割の変更は前々日までになすべしとの協約規定がある場合に、有給休暇取得者の代替要員の確保を容易にするために、就業規則において有給休暇取得請求を原則として前々日までになすべしと定めていることについて、「年次有給休暇の時季を指定すべき時期につき原則的な制限を定めたものとして合理性を有し、労働基準法三九条に違反するものではなく有効であるとした原審の判断は、正当として是認することができ」るとされています（前掲電電公社此花局事件［27000097］）。

そのため、申請の期限を設けることは、合理性がある限りにおいて有効と考えられます。

もっとも、上記判例においても前々日までに申請することは、あくまでも有給休暇の時季を指定すべき時季につき「原則的な制限」を定めたものと評価されています。

あくまで原則的な制限であるとすると、期限を超過して申請がされた場合に当然に時季変更権の行使が認められるわけではないと考えられます。

あくまでも期限を超過したか否かは一つの事情としてとらえ、申請がな

された段階において事業の正常な運営を妨げる場合にあたるか否かを評価する必要があるといえるでしょう。

3 有給休暇申請の理由を確認することは問題ないか

有給休暇の申請がされた場合に、その申請の理由を確認することはできるでしょうか。

この点、有給休暇については、自由利用の原則が妥当するものとされています。

判例では、「年次休暇の利用目的は労基法の関知しないところであり、休暇をどのように利用するかは、使用者の干渉を許さない労働者の自由である、とするのが法の趣旨であると解するのが相当である」とされています（前掲林野庁白石営林署事件［27000507］）。

したがって、有給休暇の申請にあたって理由を明らかにしないことをもって、時季変更権を行使することが許容されるわけではありません。

もっとも、前掲電電公社此花局事件［27000097］のように、時季変更権を行使することができる場合でも、請求の理由によっては時季変更権を行使しないような場合に理由を尋ねることは問題ありません。

また、複数の労働者からの有給休暇の請求が重なった場合に、誰に対し時季変更権を行使するかを検討する場合や、長期間にわたる有給休暇の請求があった場合など、時季変更権行使を検討する上で必要な情報を得るためには、取得の理由を尋ねること自体は問題ありません。

4 長期間の有給休暇一括指定と時季変更権の行使

労働者が具体的時期を特定する形で長期休暇を請求する場合があります。この場合に、時季変更権の行使が可能かについてはどのように判断すべきでしょうか。

この点、報道記者が24日間連続の有給休暇を請求したケースについて、判例は、労働者が調整を経ることなく、その有する年次有給休暇の日数の

範囲内で始期と終期を特定して長期かつ連続の年次有給休暇の時季指定をしたことに対する使用者の時季変更権の行使につき、休暇が事業運営にどのような支障をもたらすか、休暇の時期、期間につきどの程度の修正、変更を行うかに関し、使用者にある程度の裁量的判断の余地を認めざるを得ないとし、結論として後半12日間に対して行った時季変更権の行使を適法としています（時事通信社長期休暇事件　最判平成4・6・23民集46巻4号306頁［27811881］）。

このようなケースでは、裁量的判断が不合理か否かを判断基準としています。

5　研修受講日に対する時季指定と時季変更権の行使

年次有給休暇が請求された日が通常の業務ではなく、就業研修などの特別の行事が予定されている場合があります。

このようなケースでは、基本的には「事業の正常な運営を妨げる」場合にあたる可能性が高いといえるでしょう。

もっとも、判例では、研修・訓練などが予定されていた日に対する有給休暇の請求について、「訓練中の年休取得の可否は、当該訓練の目的、内容、期間及び日程、年休を取得しようとする当該職員の知識及び技能の程度、取得しようとする年休の時期及び期間、年休取得により欠席することになる訓練の内容とこれを補う手段の有無等の諸般の事情を総合的に比較考量して、年休取得が当該訓練の所期の目的の達成を困難にするかどうかの観点から判断すべきである」とされています（日本電信電話事件　最判平成12・3・31民集54巻3号1255頁［28050771］）。

画一的に判断するのではなく、これらの考慮要素を踏まえて、時季変更権を行使するか否かを検討する必要があります。

事例 5　労働者が配転命令を拒絶しているケース

労働者Ａは営業を担当していたが、成績が悪く、改善の見込みもなかったため、別の部署への異動を命じたところ、Ａは納得できないので異動を拒否すると言ってきた。
使用者としてどう対応すべきか？

企業へのアドバイスを行う際のポイント

本事例では配転命令に従おうとしない労働者への対応が問題となっています。
配転命令については使用者が命じることが広く認められますが、拒絶する場合にはどのような理由で拒絶しようとしているのかを早めに把握することが重要です。また、配転を拒絶し欠勤を続けるような場合への対応も具体的に示していくことが重要です。

対応のポイント

1　配転命令権の存在と配転の必要性についての確認

本事例では、労働者Ａに対する配置転換が問題となっていますが、前提として、労働者に対して配置転換を命じるためには、雇用契約上の根拠が必要です。

通常は、就業規則に一般的な条項として配転命令権についての定めが設けられており、この規定を根拠に配置転換を命じることになりますので、まずは就業規則を確認する必要があります。

また、本事例のように、営業部で成績不振だったことを理由とする配転命令であれば、配転の理由を基礎づける事情について、根拠資料を含めて事前に確認しておくことが適切です。

2　拒否する場合の理由の確認

就業規則に配転命令権が定められており、労働者に対して配置転換を命じる権限がある場合、労働者の同意がなくとも、配置転換を命じることが可能です。

そして、配転命令に関しては基本的には使用者に広い裁量が認められると考えられています。

ただ、①雇用契約上職種や勤務地が限定されている場合や、②配転命令権の行使が権利濫用にあたる場合には、配転命令権の行使は無効となります。

本事例では、労働者Ａが配置転換を拒否する姿勢を示しているため、前記のような配転命令権を無効とする事情にあたるかを確認し、まずは配転命令を拒否する理由について明らかにするよう労働者Ａに求めることが適切です。

この際、労働者Ａの主張内容を特定する観点からも基本的には書面での回答を求めるべきでしょう。

3　配転命令

労働者Ａからの主張を検討した結果、配転命令権の行使に法律上問題があると考えられる場合には、配転命令の中止もしくは配転内容の変更を検討することになります。

他方、配転命令権の行使に問題がないと判断される場合には、明示的な

形で配転命令を出し、事案にもよりますが、労働者の主張に法的根拠がないと判断した理由についても示しておくことが適切と考えられます。

4　配転命令に従わない場合の対応

配転命令を出したにもかかわらず、労働者Aがこれに従おうとせず、欠勤する場合の対応としては次のような流れとなります。

(1) 出勤命令

配転命令に従わず欠勤することは、雇用契約上の債務不履行に該当します。

速やかに出勤命令を出すとともに、欠勤が継続される場合には懲戒処分を含めた処分の対象となることを告知します。

なお、配転命令を出したにもかかわらず、労働者Aが配転前の部署を訪れ、就労の意思があると主張する場合があります。

しかしながら、労働者には使用者が指定する勤務地と部署で就労をする義務があるので、指定と異なる勤務地と部署で就労をしようとしても、それは債務の本旨に従ったものとは評価できません。

労働者がこのような対応をとってきた場合には、使用者としては、元の勤務地と部署での就労は認められないこと、配転先の勤務地と部署で就労しなければならないことをあらためて書面にて通知し、指導することが適切です。

(2) 再度の出勤命令及び解雇の警告

出勤命令を出したにもかかわらず欠勤が継続した場合、最終的には解雇を検討する必要が出てきます。

どの程度の期間欠勤が継続した場合に解雇を検討するかという点については事案によっても異なりますが、多くの就業規則では、懲戒規程の中に一定期間の無断欠勤があることが懲戒解雇事由として定められています。

1つの目安としては、懲戒解雇事由として定められた期間が経過した時点でその事実を告知して再度出勤を命じ、このまま欠勤が継続された場合には解雇となる可能性が高いことを伝えていくことが考えられます。使用者として解雇を回避するために必要な手続を取り、解雇を回避するための機会を与えることが適切と考えられます。

　なお、このようなケースでは、労働者から有給休暇の申請がされる場合があります。実際に配転先で出勤していない状況であれば、有給休暇の取得を認めた上で対応を検討していくことが適切な対応になる場合が多いと思われます。

（3）普通解雇

　以上のような手続を経たにもかかわらずなお欠勤を継続する場合には、最終的に解雇していくことが考えられます。

　配転命令及びその後の出勤命令に従わない、ということで普通解雇を選択することが想定されます。

5　配転命令の効力を争ってきた場合の対応

　配転命令を出したにもかかわらず労働者が従おうとせず、欠勤を継続している中で、労働者が配転命令の効力を争うために法的手続を取ってくることがあります。また、労働組合から配転命令の撤回を求めて団体交渉の申し入れがある場合もあります。

　使用者が解雇を検討している段階でこのような対応を迫られた場合、解雇についてどのような判断をすべきでしょうか。

（1）裁判所での手続が取られた場合

　訴訟や労働審判、仮処分など、裁判所での手続が取られた場合、結論としては解雇を先延ばしにする必要性はないものと考えられます。

　すなわち、解雇をしていない段階で配転命令の効力が争われた場合でも、

解雇をした上で解雇の有効性判断の前提として配転命令の有効性が争われる場合でも、いずれにしても配転命令の有効性が争点となることでは共通します。

ただ、解雇した上で解雇の有効性が争われた場合には一度の手続で最終的な判断となる一方で、解雇せずに配転命令が有効という判断が出てから解雇した場合、理屈上は別途解雇の有効性を争うことが可能です。

配転命令が有効との判断が出された上で解雇している場合であっても、あらためて労働者が裁判所の判断を受けて出勤の意向を示しているような場合には、解雇権濫用と評価される危険性はあり得ます。紛争の一回的解決という観点からしても、解雇の判断を先延ばしにすることは適当とは思われません。

そもそも、労働者側は、いったん配転命令の有効性に対して異議を留めた上で、暫定的に配転先で就労することで解雇を回避しつつ配転命令の有効性を争うことが可能です。

そのような手段を取らずにあえて欠勤を継続しながら配転命令の有効性を争っている以上、労働者の意向としても配転命令が有効であれば解雇されることはやむを得ないものとして甘受しているものと考えられます。

解雇するという結論に変わりがないのであれば、法的手続が取られたとしても結論を先延ばしにすることは不適切と考えられます。

（2）団体交渉の申し入れがあった場合

これに対し、団体交渉の申し入れがあった場合、使用者には誠実交渉義務がありますから、これを無視して解雇を進めると誠実交渉義務違反として不当労働行為に該当する可能性が出てきます。

また、裁判所での手続とは異なり、手続が進んだ場合でも一定の判断が示されるわけではありません。

そのため、団体交渉の申し入れがなされた場合については、直ちに解雇を行うことは拙速との謗りを免れません。

団体交渉の中で配転命令の必要性について説明を行うなど、誠実な協議を行った上で、解雇については最終的に協議が整わなかった段階で検討すべきです。

6　パワハラであるという主張への対応

　配転命令を出した場合に、労働者側からパワハラである、という主張がなされることがあります。

　配転先の職務が従来の職務と比較して著しく軽微なもので、パワハラの6類型で示されている過少な要求に該当するというもので、退職させることを意図した不当な配転命令であるということとあわせて主張されることも多くなっています。

　配転命令の有効性の法的な議論としては、配転命令権の濫用にあたるか否かという点に集約されるところですので、配転命令の必要性を適切に主張していくことになります。

　これに対し、配転命令の有効性が争われるとともに、不法行為を理由として損害賠償請求がされるようなケースもあります。

　配転命令が無効と判断された場合に損害賠償請求が認められている事案があることに加え、ホンダ開発事件（東京高判平成29・4・26労判1170号53頁［28253793］）では、配転命令については有効としながら、上司からの侮辱的発言などを理由として慰謝料請求が認められています。

　このように、配転命令の有効性とは別に、不法行為の成立が認められる可能性もありますので注意が必要といえるでしょう。

押さえておきたい法律知識

1　配転命令権の根拠とその制限の枠組み

　いわゆる正社員については、一般的には長期的な雇用を予定した上で、

職務内容や勤務地を限定せずに採用され、使用者が多数の労働者について適正と考える形で人員を配置することが行われています。

そして、就業規則において、「使用者は業務上の必要性を勘案した上で、都合により労働者に対し配置転換、転勤を命じることがある。」といった一般条項としての形で、具体的な配転命令権が規定されているのが通常です。

このような規定に基づき、使用者は労働者の同意がなくとも配転命令権を行使することが認められます。

もっとも、一般的な権限として配転命令権が認められる場合であっても、個別的な合意に基づき配転命令権の行使が制限されることがあります。

それは、雇用契約の締結にあたって、勤務地や職種を限定する合意をしている場合などです。

これらの合意は配転命令権に対する制限としての意味を持ち、配転を行う上では個別的な同意が必要となります。

また、配転命令権自体が認められる場合であっても、その行使が権利濫用にあたる場合は、配転命令権の行使自体が無効なものとなり得ます。

2　職種限定の合意

(1) 職種限定の合意と配転

労働契約において、当該労働者の担当すべき職種が限定されて合意されている場合、使用者が一方的に別の職種に変更する配転命令を出すことは認められません。

この点、社会福祉法人滋賀県社会福祉協議会事件（最判令和6・4・26労判1308号5頁［28321288］）において、最高裁は、職種限定の合意が存在する場合について、個別的同意なしに合意に反する配置転換を命じる権限を有しないと判示しました。

原審では、職種限定の合意があることを前提とした上で、①配転命令が、担当していた業務が廃止されることによって職種限定で採用されていた労

働者の解雇を回避するためになされたものであること、②配転命令自体に業務上の必要性があること、③配転後の職務内容が、特別な技能や経験を必要とせず、負荷も大きくないから、配転命令が甘受すべき程度を越える不利益をもたらすとはいえないこと、④配転命令に不当な目的があるとも言い難いこと、などの事情から、配転命令が権利濫用には該当しないとされていましたが、結論としてこれを否定したものになります。

　理論的にみると、原審は、職種限定の合意がある場合でも配転命令権があることを前提とした上で、配転命令が権利濫用にあたるかという枠組みで判断しているのに対し、最高裁は、そもそも職種限定の合意がある場合には配転命令権自体がないと判断している（結果としてそもそも権利濫用か否かの議論は問題とならない）点で違いがあります。

　最高裁が、職種限定がある場合には同意がない限り配転を命じることができない、という結論を明確に示した影響は小さくありません。

　当然ながら、それは、使用者にとっては配転命令権に対する制限としての意味合いを持ちます。

　他方で、配転をなしえない以上、配転をしなかったことが使用者側の不利な事情として考慮されるべきではありません。

　典型的には、解雇の事案などで解雇回避のために配置転換を検討すべきといった非難を労働者側から受けることがありますが、職種限定の場合にはそもそも配置転換をなしえない以上、主張として不適切と考えられます。

　このようなケースでは、解雇を回避するために労働者に対して丁寧な説明を行い、配置転換に同意するよう説得することが求められますが、それでも職種変更に同意しないような場合には解雇を選択せざるを得ないことはあり得るでしょう。

　また、そもそもの職種限定の合意があったか否かに関する事実認定への影響も想定されます。

　すなわち、最高裁が示したように、労働契約において職種限定合意が成立している場合には労働者の同意がない限り配転命令を行うことは解雇を

回避するという目的があったとしても許容されない、という枠組みを前提とした場合、職種限定の合意は当該職種以外の職種には一切就かせないという合意といえます。労働者側からみれば、仮に当該職種がなくなる場合には解雇されることもやむを得ないということまでを含めた合意といえます。

そのため、職種限定の合意自体が相当厳格に判断されることは十分に予想されます。

> **社会福祉法人滋賀県社会福祉協議会事件　最判令和6・4・26労判1308号5頁［28321288］**
>
> 　労働者と使用者との間に当該労働者の職種や業務内容を特定のものに限定する旨の合意がある場合には、使用者は、当該労働者に対し、その個別的同意なしに当該合意に反する配置転換を命ずる権限を有しないと解される。上記事実関係等によれば、上告人と被上告人との間には、上告人の職種及び業務内容を本件業務に係る技術職に限定する旨の本件合意があったというのであるから、被上告人は、上告人に対し、その同意を得ることなく総務課施設管理担当への配置転換を命ずる権限をそもそも有していなかったものというほかない。
>
> 　そうすると、被上告人が上告人に対してその同意を得ることなくした本件配転命令につき、被上告人が本件配転命令をする権限を有していたことを前提として、その濫用に当たらないとした原審の判断には、判決に影響を及ぼすことが明らかな法令の違反がある。

（2）職種限定の合意の成否

　実際の紛争にあたっては、職種限定の合意があるか否かが争いとなることが多くあります。ただ、明示的に合意がなされているケースは多くなく、それまでの職務の内容や社内的な運用状況などを踏まえて黙示的な合意の成否が判断されるケースが多くなっています。

この点については、裁判例の傾向として、おおむね職種限定の合意を認めることには消極的と評価されています。

　例えば、日産自動車村山工場事件（最判平成元・12・7労判554号6頁［27808460］）では、「機械工」として採用され、以来17年間から28年間にわたって「機械工」としての職務に従事してきた複数の労働者に対する組み立てラインへの配転命令の有効性が争われたケースで、職種限定の成立は否定されています。

　このような判断がなされる理由としては、長期雇用を前提とした上で、ジョブローテーションを通じて労働者を育成していくシステムが採用されていることが挙げられます。

　ただ、前掲社会福祉法人滋賀県社会福祉協議会事件［28321288］では、中途採用の技術者との黙示的な職種限定の合意が認定されています。

　特殊な技術、技能、資格を有するようなケースでは、職種限定があると認められることが多くなっているので注意が必要です。

　近時の裁判例では、学校法人国際医療福祉大学事件（宇都宮地決令和2・12・10労判1240号23頁［28291863］）があります。薬学部教授として職種を限定された労働契約の成立が認められ、病院の薬剤師への配転命令が無効とされています。

3　勤務地限定の合意

　雇用契約において、勤務場所が特定されている場合には、労働者の同意がない限り一方的に配置転換（転勤）を命じることはできません。

　問題は、雇用契約において明示的に転勤がないことを定めているような場合の他、黙示的な勤務地限定の合意が認定されるのはどのような場合であるのかです。

　この点については、職務の内容や採用に至った経緯などが考慮されて判断されているといえます。

　例えば全国に展開している企業に勤務している場合であっても、現地の

事業所で採用され、慣行上転勤がなかったような場合には、勤務地限定の合意があったと評価される可能性が高くなります。

4　権利濫用法理による制約

使用者が労働者に対する配転命令を行う権限を有する場合でも、その権利を濫用した場合には配転命令は無効となります。

この点、どのような場合に権利濫用に該当するかについて、東亜ペイント事件（最判昭和61・7・14裁判集民148号281頁［27613417］）では、転勤命令に①業務上の必要性が存しない場合、②業務上の必要性が存する場合でも、他の不当な動機・目的をもってなされたものである場合、③労働者に対し、通常甘受すべき程度を著しく超える不利益を負わせるものである場合などを例として示しています。

東亜ペイント事件　最判昭和61・7・14裁判集民148号281頁［27613417］

使用者は業務上の必要に応じ、その裁量により労働者の勤務場所を決定することができるものというべきであるが、転勤、特に転居を伴う転勤は、一般に、労働者の生活関係に少なからぬ影響を与えずにはおかないから、使用者の転勤命令権は無制約に行使することができるものではなく、これを濫用することの許されないことはいうまでもないところ、当該転勤命令につき業務上の必要性が存しない場合又は業務上の必要性が存する場合であつても、当該転勤命令が他の不当な動機・目的をもつてなされたものであるとき若しくは労働者に対し通常甘受すべき程度を著しく超える不利益を負わせるものであるとき等、特段の事情の存する場合でない限りは、当該転勤命令は権利の濫用になるものではないというべきである。右の業務上の必要性についても、当該転勤先への異動が余人をもつては容易に替え難いといつた高度の必要性に限定することは相当でなく、労働力の適正配置、業務の能率

> 増進、労働者の能力開発、勤務意欲の高揚、業務運営の円滑化など企業の合理的運営に寄与する点が認められる限りは、業務上の必要性の存在を肯定すべきである。

　訴訟などで問題となることが多いのは、不当な動機・目的をもってなされたものか、という点と、甘受すべき程度を著しく超えた不利益が労働者に生じるか、という点です。「不当な動機・目的」については、労働者を退職させる意図があることや、労働組合の中心人物を標的にしたものなどが例として指摘されています。

　この他、内部通報を行ったことへの報復的な配転命令として認定された裁判例もあります（オリンパス事件　東京高判平成23・8・31判時2127号124頁［28173938］）。

　「通常甘受すべき程度を著しく超える不利益を労働者に負わせるもの」については、要介護状態にある親族を抱えて転勤が困難なケースや、労働者本人が転勤困難な疾病をもっているケースで配転命令を行うことが問題とされることが多くなっています。

　配転命令権の濫用が認められた裁判例としては、北海道コカ・コーラボトリング事件（札幌地決平成9・7・23労判723号62頁［28022009］）、NTT西日本（大阪・名古屋配転）事件（大阪高判平成21・1・15労判977号5頁［28151331］）などがあります。

　この点に関しては、育児・介護休業法において、子の養育又は家族の介護状況に関する使用者の配慮義務が定められたこと（同法26条）、労契法において、「仕事と生活の調和への配慮」が労働契約の締結・変更の基本理念として規定されたこと（同法3条3項）などを踏まえて、転勤に伴い通常甘受すべき程度の不利益にあたるか否かの判断基準が、仕事生活の調和の方向へ修正されていくことが予想されると指摘されています（菅野和夫＝山川隆一『労働法〈第13版〉』弘文堂（2024年）688頁）。

5　降格や減給を伴う配転命令の有効性

　従来の職位からの降格を命じ、その結果として賃金も減額となるような配転命令が出され、その有効性が争われることもあります。

　このようなケースでは、①降格を伴う配置転換を行う権限が就業規則上定められているか、②賃金の減額についてはその根拠規定が定められているか、③権限が定められている場合でも権利濫用に該当しないか、といった点が問題となります。

　また、降格という判断に至る前提としての人事考課の妥当性が争いとなることも多くなっています。

　この点、給与の引き下げを伴う降格について、就業規則や年俸規定に明示的な根拠がないことを理由として違法と評価された裁判例として、コナミデジタルエンタテインメント事件（東京地判平成23・3・17労判1027号27頁［28173912］）があります。

　また、営業成績不良を理由とした営業職係長から営業事務職への配転（賃金が61万9950円から31万3700円に減額になる）について、その前提となる成績評価に問題があることを指摘し、退職させる意図に基づくもので権利濫用にあたるとした裁判例として、日本ガイダント仙台営業所事件（仙台地決平成14・11・14労判842号56頁［28080788］）があります。

　これに対し、就業規則に基づく降格で、根拠とされた成績評価も不当ではないなどとして配転命令を有効とした裁判例として、日本レストランシステム事件（大阪高判平成17・1・25労判890号27頁［28100994］）があります。

事例6　労働者が欠勤等を繰り返しているケース

　労働者Aは最近欠勤することが多く、その他にも遅刻・早退が目立っている。本人に説明を求めているが、大丈夫ですというばかりで要領を得ない。

　使用者としては他の労働者に業務のしわ寄せがいっていることもあり、このままではよくないと考えているが、どう対応したらいいだろうか？

企業への アドバイスを行う際のポイント

　本事例では労働者が欠勤等を繰り返した場合への対応が問題となっています。

　近時は精神疾患での休職なども増加しており、対応に苦慮している企業は少なくありません。就労を継続させたことが結果的に病状を悪化させたような場合には、企業として安全配慮義務違反に問われる可能性もありますので、まずは病状の正確な把握をすることが重要であることを丁寧に伝える必要があります。加えて、労働者が説明等を拒絶した場合の対応についても具体的に示していく必要があります。他方で、休職制度の適用などについては就業規則の規定に沿った形で適切な運用を行っていくようアドバイスする必要があります。

対応のポイント

1　欠勤、遅刻、早退の理由を明らかにするよう業務命令を発する

　本事例では、労働者Aが欠勤、遅刻、早退（以下「欠勤等」という。）を繰り返していることが問題となっています。

　この点、所定労働時間において就労することは雇用契約に基づいて労働者が負う基本的な債務ですので、欠勤等をすることは雇用契約における債務不履行に該当します。

　したがって、欠勤等を繰り返すような場合には解雇を含めた処分の対象となり得ます。

　もっとも、欠勤等がある場合であっても、労働者には責任がない場合や、やむを得ない事情に基づく場合もあり、それらまで処分の対象とすることは適切とは思われません。

　そのため、処分の適否を検討する前提として、労働者に対し欠勤等の理由を明らかにするよう求めることは使用者として当然に認められる権限といえます。

　本事例でも、実際に欠勤等が繰り返され、業務に支障が生じてしまっていることからすると、欠勤の理由を明らかにするよう明示的に指示命令をしていくことが適切です。

2　体調不良を理由とする場合には、診断書の提出を求める

　欠勤等の理由が体調不良であるとする場合、診断書の提出を求めることがあります。

　就業規則上、診断書の提出義務が明示されている場合はもとより、明示されていない場合であっても、欠勤等の理由の妥当性を検証する上で必要な場合には提出を求めることができると考えられます。

　なお、診断書といってもその目的によって記載してもらうべき内容は異

〈事例6〉

なります。

　例えば、病気で体調を崩し1週間にわたって欠勤した後に再び就労できる状況に至っている場合であれば、1週間の欠勤の原因が病気によるものであること（例えばインフルエンザなど）を記載した診断書が提出されれば問題ありません。

　これに対し、何度も欠勤等を繰り返し、今後も同様のことが繰り返されるおそれがある場合は、欠勤等が繰り返される原因について記載を求めるだけでは足りません。今後の病気の見通しを踏まえ、就労継続が可能なのか、それとも一定期間治療に専念すべき状況なのかを記載した診断書の提出を求める必要があります。

　診断書の取得自体費用が発生しますので、いったん提出されたものが不十分だとすると過度な負担となりかねません。診断書の提出を求める場合には、その目的に応じて記載すべき事項を特定の上、提出を求めるべきです。

　なお、この点に関連して、就業規則の規定の仕方も見直す必要がある場合があります。

　例えば、就業規則で「労働者が5日連続で欠勤した場合、使用者は診断書の提出を求めるものとする」と規定されているとします。

　この場合、規定上は、5日連続で欠勤したことが診断書の提出を求める要件となっているため、出勤と欠勤を繰り返し5日間連続で欠勤となっていない場合には診断書の提出を求められないことになりかねません。

　逆に、5日間欠勤した場合でも、その原因がインフルエンザなどの病気であることや事故で入院していることが把握できているなど、診断書の提出を求めるまでもない場合でも画一的に提出が必要になってしまいます。

　「使用者が、診断書によって労働者の病状を把握する必要がある場合には、診断書の提出を求めることができる」といった形で、必要な場合には提出を求め、不要な提出を避ける規定を整備しておくことが適切です。

3　欠勤理由を明らかにしない場合や診断書の提出がない場合の対応

　欠勤理由として、一定の傷病が原因で治療が必要という診断書が提出されたような場合には、欠勤の状況などを踏まえ、療養を認めたり、休職命令を発したりしていく検討が必要となってきます。

　これに対し、欠勤理由についての説明や診断書の提出を求めたにもかかわらず、これに応じようとしない場合は、基本的にはやむを得ない事情はない欠勤と判断し懲戒処分を検討することになります。

　この際には、欠勤の理由への回答がないこととあわせて、欠勤の理由を明らかにするよう命じたことに応じていないこと（業務命令違反）の処分も検討することが適切でしょう。

4　欠勤を理由とした解雇をする場合の留意点

　もっとも、弁明がないようなケースで懲戒処分を検討し解雇する場合には、休職制度との関係で注意が必要です。

　休職制度を設けているのに休職を経ずに直ちに解雇した場合、解雇権濫用と評価される可能性は高くなります。

　日本ヒューレット・パッカード事件（最判平成24・4・27裁判集民240号237頁［28180956］）では、労働者が被害妄想などによって40日間欠勤したことを無断欠勤として取り扱い、諭旨退職の懲戒処分を下したことの適否が争われました。

　この判例は、労働者自身が精神的な不調について自覚をしていないケースですが、最高裁は、欠勤の原因について精神的な不調にあることを前提として、使用者として精神科医による健康診断を実施するなどした上でその診断結果などに応じて、必要な場合は治療を勧め休職などを検討し、その後の経過をみるなどの対応を取るべきであり、このような対応を取ることなく行った諭旨退職処分を無効と判断しています。

　事案によっては診断書の提出がない段階でも、病院の受診や産業医との面談などを経て病状を確認し、必要に応じて休職などの対応を取ることが

求められることがある点は注意が必要といえるでしょう。

5　会社が指定する医師の受診を命じる

　そもそも、労働者が自身の不調について疾病であると認識をしていないものの、客観的にみて疾病が疑われるような場合や、労働者から提出された診断書の記載内容の妥当性を検証する必要があるような場合には、使用者として、指定した医師の診断を受けるよう労働者に命令することは可能です。

　これについては、就業規則に根拠規定がある場合には、当然に認められます（電電公社帯広局事件　最判昭和61・3・13裁判集民147号237頁［27803721］）し、直接の根拠規定がない場合であっても、裁判例では合理的な理由があれば認められています（空港グランドサービス・日航事件東京地判平成3・3・22判時1382号29頁［27808733］）。

　もっとも、会社から受診命令を出したとしても、本人がこれに応じないことはあり得ます。

　そのような場合には、無理矢理の受診はさせられませんので、受診命令に従わなかったことについて懲戒処分を行うことで間接的に受診を強制することが考えられます。

　これらの手段を講じてもなお受診を拒絶し、疾病について把握することができなかった場合には、欠勤については正当な理由がないものとして普通解雇を検討していくことになります。

6　休職命令

（1）休職制度の解釈

　欠勤が傷病によることが確認できた場合、使用者としては休職命令を発するかについて検討することになります。

　この点、休職制度はそもそも法律で規定が義務づけられているものではありません。

そのため、休職について就業規則で定められていない場合には、休職を認める必要はありません。
　もっとも、就業規則に定められている場合は雇用契約の内容になりますので、就業規則の定めに則って運用を行う必要があります。
　休職命令を発する条件や休職期間中の待遇、復職にあたっての手続や復職できない場合の対応については、就業規則の定めによって決定され、休職制度にまつわる紛争で制度の中身について争いとなった場合も、基本的には就業規則の合理的解釈によって判断されることになります。

（２）休職要件の検討

　先ほど述べたとおり、休職制度の設計については特に法律上の規制は設けられていません。
　そのため、休職の要件に該当するか否かについても、基本的には就業規則の定めに合致するかという問題となります。
　この点、一例として、厚労省が定めるモデル就業規則では、休職について次のように規定されています（便宜上、欠勤期間として２か月、休職期間として１年としました）。

〈モデル就業規則〉

> 第９条　労働者が、次のいずれかに該当するときは、所定の期間休職とする。
> ①　業務外の傷病による欠勤が２か月を超え、なお療養を継続する必要があるため勤務できないとき　　　　　　　　　１年以内
> ②　前号のほか、特別な事情があり休職させることが適当と認められるとき　　　　　　　　　　　　　　　　　　必要な期間

　仮に本事例でこの規定が設けられている場合、休職命令を発するためには「欠勤が２か月を超え、なお療養を継続する必要がある」と認められる

必要があります。

この要件に合致しない場合には休職命令自体を発することができません。

この点、就業規則では90日の欠勤期間を経た場合に休職させると定めているのに欠勤を経ず休職させ、休職期間満了で解雇としたことの有効性が争われた裁判例があります。この裁判例では解雇後、労働者が回復したことなども踏まえ、解雇は無効であるとされました。（J学園（うつ病・解雇）事件　東京地判平成22・3・24判タ1333号153頁［28163001］）。

また、石長事件（京都地判平成28・2・12労判1151号77頁［28242987］）では、就業規則で「業務外の傷病により引き続き1ヶ月を超えて欠勤したとき」に6か月間の休職を命じるとされているにもかかわらず、事故により欠勤を余儀なくされた労働者に対して、欠勤を経ずに休職を命じたことが無効とされています。

休職命令の要件を満たしたタイミングがいつかは、就業規則を踏まえて適切に判断をする必要があります。

本事例でも、就業規則の要件を満たしている場合には休職を命じることが可能です。

仮に傷病休職を命じる要件を満たしていない場合、もう1つ問題となるのは、前記のモデル就業規則2号で定められた「特別な事情があり休職させることが適当と認められるとき」に該当するとして休職を命じられないか、という点です。

この点、富国生命事件（東京高判平成7・8・30労働民集46巻4号1210頁［28011614］）では、欠勤期間を前提とする休職規定が置かれていることも踏まえると、「傷病欠勤の場合と同視できるものであって、通常勤務に支障が生じる程度」の傷病であることが必要であるとされています。

連続しての欠勤がなく、傷病による休職を直接命じることができない場合でも、欠勤や遅刻早退で業務に支障が生じているような場合には、休職を命じることができる可能性はありますが、無効と評価されるリスクもあ

ることは注意が必要でしょう。

　もう1つの方向性として、就業規則に基づいて直接休職を命じることが適切でない場合には、労働者と個別的に休職についての合意をすることも考えられます。

　ただ、この場合に休職期間や待遇について、就業規則の定めより労働者に不利な合意をした場合には、就業規則の最低基準効（労契法12条）により就業規則で定める基準に変更される可能性が高くなります（前掲石長事件［28242987］では、合意による休職と評価するとしても就業規則の基準を下回っているものとして合意は無効と判断されています）。

　そのため、合意による場合でも、休職期間や待遇については就業規則の定めを下回らない内容にすることが適切です。

（3）休職命令の発令

　休職命令の要件を満たしている場合には、明示的に休職命令を出すべきです。これによって、就業規則に定める休職期間の起算点が明確になります。

　また、同時に休職期間が最長でいつまでかを通知すると共に、休職期間中の待遇や療養に専念する義務があること、定期的に状況を報告すること、就業規則の定めに従い復職可能となった場合の連絡の仕方、休職期間満了時に復職できなかった場合の処遇などについてもあらためて告知しておくことが適切でしょう。

押さえておきたい法律知識

1　私傷病休職制度の目的

　雇用契約においては、従業員は就労する債務を負っています。

　そのため、傷病によって欠勤し、就労できないことは債務不履行として

解雇理由に該当することになります。

ただ、特に終身雇用制の下、傷病が原因であるとはいえ、解雇されることは労働者にとって著しく不利益になります。

他方で、使用者の立場からしても、人材の育成に多額のコストを投資している中で、一定期間の療養によって復職することが見込まれるにもかかわらず解雇することは合理的とはいえません。

そこで、傷病によって就労ができない場合でも、一定期間解雇を猶予することが労使双方にとってメリットがあることから、休職制度が設けられています。

2　制度設計

対応の中でも述べたとおり、休職制度については労働法上、特段の規制は設けられていません。

通常は、就業規則で、①対象労働者　②休職命令発令の要件　③休職期間及び延長の有無　④休職期間中の賃金支給の有無　⑤復職可能となった場合の手続　⑥復職できなかった場合の処遇（解雇もしくは自然退職）などが定められているのが一般的です。

直接の法規制がないことから、制度設計をどのように行うかは基本的には使用者の裁量に委ねられているといえます。

もっとも、裁量があるとは言っても、法規制の潜脱となるような場合には規定自体が無効とされる可能性が出てきます。

例えば、休職期間を2週間とし、休職期間満了時に復職できない場合には自然退職扱いとするとの規定を設けたとします。

これは、労基法20条で、解雇するには30日前の予告が必要とされている規定を潜脱するものとして無効と評価されるでしょう。

また、対象労働者の設定についても、正社員だけに認め、期間雇用の労働者や短時間労働の労働者には認めないような場合には、同一労働同一賃金に関する規制との兼ね合いで問題になり得ます（同一労働同一賃金ガイ

ドラインでも病気休職について言及されています)。

この他、近時問題となることが多いのがいわゆるメンタルヘルスの不調を原因とする休職をにらんだ規定の変更などです。

従来、私傷病休職で想定されていたのは病気や事故などで、一定期間の療養によって治癒し、以後は問題なく就労することが可能となる場合でした。

これに対し、メンタルヘルスの不調の場合、いったん回復したとしても再び不調をきたすことが多く、また、傷病名も医師によってばらつきがあるなど、場合によっては何度も休職を繰り返すことになりかねません。

このようなケースを想定した上で、実際に休職制度を見直すケースも増えており、その有効性が争われることも出てきています。

裁判例としては、野村総合研究所事件（東京地判平成20・12・19労経速2032号3頁［28150841］）があります。

これは、休職期間の通算規定に関する改定の有効性が主たる争点となった裁判例です。

すなわち、就業規則の休職規定では、「職員が次の各号の一に該当するときは、休職を命ずる。」と定め、その1号において「傷病または事故により、次表の欠勤日数をこえて引続き欠勤するとき。」と定めた上で、ただし書で、平成18年4月1日以前は、「欠勤後一旦出勤して3ヶ月以内に再び欠勤するとき……は、前後通算する。」としていました。これに対し、平成18年4月1日以降は、「欠勤後一旦出勤して6ヶ月以内または、同一ないし類似の事由により再び欠勤するとき……は、欠勤期間は中断せずに、その期間を前後通算する。」と変更されました。

この「同一ないし類似の事由により再び欠勤するとき」とする改定が無効であるとして争われました。

これに対し、裁判所は不利益に変更するものであることは認めながら、改定の必要性があること、労働組合の意見を聴取し異議がないという意見を得ていることなどから、就業規則の変更として有効であるとしています。

3　退職規程

　休職期間が満了しても復職ができない場合、就業規則の定めに従い、解雇または自然退職という処理がなされるのが通常です。

　解雇の場合はあらためて解雇の意思表示が必要となりますが、自然退職の場合は意思表示による事なく自動的に終了することとなり、近時は自然退職とする規定が多くなっています。

　この点に関連してしばしば問題となるのが、業務上の傷病に対する解雇制限（労基法19条）との関係です。

　この点、労基法19条は解雇に対する規制ですが、近時の裁判例では、自然退職の場合にも適用ないし類推適用されるとされています（アイフル（旧ライフ）事件　大阪高判平成24・12・13労判1072号55頁［28212780］、マツヤデンキ事件　大阪高判令和2・11・13判時2520号71頁［28290896］など）。

　そのため、規定上、解雇とされている場合でも、自然退職とされている場合でも、ほぼ違いはありません。

　なお、実務的な対応として、休職期間満了が近づいた段階で、突然労働者から労災申請がなされる場合があります。

　この場合に、使用者として業務に起因するものではないと判断しているのであれば、労災認定の結論が出るまで退職を猶予することは労務管理上適切ではありません。最終的に業務上の疾病か否かが争いとなった場合には訴訟の中での判断となりますので、規定に従って対応すべきでしょう（なお、仮に業務に起因するものと認められた場合には、解雇ないし自然退職の効力は否定されることとなります）。

4　復職

(1) 復職の申請

　休職に関連する問題で、最も紛争になる可能性が高いのが、復職の可否

を巡る判断についてです。

　この点について、厚労省の定めるモデル就業規則では次のように規定されています。

〈モデル就業規則〉

> 第9条
> 2　休職期間中に休職事由が消滅したときは、原則として元の職務に復帰させる。ただし、元の職務に復帰させることが困難又は不適当な場合には、他の職務に就かせることがある。

　私傷病に関する規定では、「傷病が治癒した場合」などと規定されていることも多くなっていますが、いずれにしても休職事由が消滅したか否かが問題となります。

　これについてどのような判断をしていくべきでしょうか。

　この点、裁判例では、休職事由が消滅したことの主張立証責任は労働者側にあると解されています（伊藤忠商事事件　東京地判平成25・1・31労経速2185号3頁［28213202］）。

　そして、休職原因となった疾病の回復可能性をどう判断するかについては、医学的な見地から検討することが重要です（綜企画設計事件　東京地判平成28・9・28労判1189号84頁［29020028］など）。

　これらを踏まえると、復職にあたっては、労働者から傷病が治癒し就労可能である旨を記載した主治医による診断書が提出されたら、使用者はそれを基に復職の可否を判断していくという流れになります。

（2）復職の可否の判断

　労働者から復職が可能である旨の診断書が提出された場合であっても、必ず復職をさせなければならないわけではありません。

　傷病が治癒し、復職可能な状態にあるかは最終的には使用者として判断

〈事例6〉

すべき事項です。いわば提出された主治医の診断書の信用性を精査し、復職が可能かを判断する必要があります。

　裁判例でも、コンチネンタル・オートモーティブ事件（東京高判平成29・11・15労判1196号63頁［28260291］）では、自宅療養が必要だという診断書が提出されてから、わずか18日後に通常勤務が可能であるという診断書が出されたという経緯を踏まえ、原告の意向が強く影響して主治医の診断書が作成されているとの判断が示されています。

　復職ができない状態であるにもかかわらず復職させ、結果的に傷病が悪化したような場合には安全配慮義務違反の問題となる可能性もありますので、丁寧な検討が必要といえるでしょう。

　そこで、使用者としてどのような対応を行うべきかについてですが、前記のとおり、復職の可否は基本的には医学的見地からの検討を行う必要があります。

　そのため、まずは主治医に対して問合せを行い、治療経過や回復の状況などについて確認をすることが必要となります。

　この点、前掲Ｊ学園（うつ病・解雇）事件［28163001］では、主治医から治療経過や回復可能性について意見を聴取しておらず、一度も問合せをしなかったのは、現代のメンタルヘルス対策の在り方としては不備であるという指摘がなされています。

　また、使用者として、産業医への受診を求め、産業医の意見も踏まえて判断をしていくことも必要となります。

　主治医と産業医とで復職の可否について見解が分かれた事案で、会社内での状況を適切に把握しているのが産業医であるとして産業医の見解の妥当性を認めた裁判例もあります（日本通運事件　東京地判平成23・2・25労判1028号56頁［28171363］）。

　復職の可否の判断にあたっては、使用者として行うべき情報収集を行い、その結果を踏まえて合理的に判断していくことが重要といえるでしょう。

　なお、注意が必要なポイントとしては、医療関係の情報は個人情報保護

153

法上、要配慮個人情報に該当し、その提供にあたっては原則として本人の同意が必要になる点です。主治医への問合せや情報提供を求めるにあたっては、基本的に労働者の同意を得る必要がある点には注意が必要で、復職の可否の判断に必要であることを説明して同意を求めるべきといえます。

　逆に、使用者から労働者に対して、その必要性を示した上で医療情報の提供について同意を求めたにもかかわらず、これを拒んだ場合には、復職の可否について否定的な判断をせざるを得ないこともあるといえるでしょう。

（3）治癒の程度

　復職可能性の判断にあたっては、どの程度回復している場合に治癒した（休職事由が消滅した）と評価できるかも問題となります。

　この点、通常は、休職期間満了時までに従前の職務を行うことができる状態になっているかどうかが問われます。

　もっとも、片山組事件（最判平成10・4・9裁判集民188号1頁［28030784］）では、「現に就業を命じられた特定の業務について労務の提供が十全にはできないとしても、……当該労働者が配置される現実的可能性があると認められる他の業務について労務の提供をすることができ、かつ、その提供を申し出ているならば、なお債務の本旨に従った履行の提供があると解するのが相当」との判断が示されています。

　本判決を踏まえ、その後の裁判例では、労働者が従前の業務を遂行できる程度には回復していない場合でも、①当初は軽易業務に就かせれば遠からず従前の通常業務に復帰できるとき、②職種や業務内容が限定されていない場合で、配置される現実的可能性がある他の業務について労務を提供することができ、かつその提供を申し出ているときは復職の要件は満たされると判断されています（日本電気事件　東京地判平成27・7・29判時2279号125頁［28234550］）。

　これに対し、職種が限定されている労働者についても、直ちに従前の業

〈事例6〉

務に復帰できない場合でも、比較的短期間に復帰可能な場合には、短期間の復帰準備期間の提供などが信義則上求められ、このような手段をとらずに解雇することはできないとした裁判例があります（全日本空輸（退職強要）事件　大阪高判平成13・3・14労判809号61頁［28062116］）。

事例 7　労働者同士で金銭トラブルが発生しているケース

　労働者Ｘから話があるというので聞いてみたところ、Ｘの先輩労働者であるＡから金を無心され、これまでに 50 万円ほどを貸しているという。

　Ａに確認したところ、50 万円を借りていることは認めたものの、あくまでも個人的な問題なので使用者には関係ないと言っている。

　使用者としてどう対応すべきか？

企業への　アドバイスを行う際のポイント

　労働者間で生じた金銭トラブルが問題となっている事例です。視点としては、単なる金銭トラブルであれば使用者として関与しないことが適当なことが多い一方で、力関係の差から被害が生じていると評価できるような場合には関与をせざるを得ないケースもあります。

　就業規則に金銭貸借を禁止する規定があるかによっても対応が変わりますが、基本的には事実関係の丁寧な確認と、被害状況の確認が重要になるケースといえます。

対応のポイント

1　就業規則に金銭の貸し借りを禁止する規定があるか

　本件で問題となっているのは労働者Ｘと労働者Ａとの間の金銭の貸借で、基本的に業務とは関係のない私的な問題です。

　そこに使用者として関与することは、新たなトラブルを招く可能性も否定できず、何もしない方が適切なことも多いでしょう。

　しかし、金銭貸借のような利害関係は、人間関係を悪化させる危険が非常に高いといえます。労働者間の関係性が悪化し、協調性を持って労務提供を行うことが困難になることは適切ではありません。

　そこで、就業規則において、明確な形で労働者間の金銭の貸借を禁止しておくことは重要な意味を持ちます。このような規定が設けられていることで、部下や同僚から金の無心をされた場合でも禁止されているからという理由で断りやすくなります（弁護士職務基本規程においても、依頼者との間の金銭の貸借を禁止する旨が定められていますが、同様の配慮に基づくものと想定されます）。

　また、より大切な観点としては、貸借の名を借りた恐喝などのトラブルへの対応も取りやすくなるという点が指摘できます。

　刑事事件において詐欺罪を立件する場合などを想定しても、被害者側としては相手が返すつもりがなく、金を奪われたと思っていたとしても、実際に返す意思がなかったことを証明することは困難を伴うことが多いです。

　労働者間で、金を恐喝されたという訴えと借りただけだという弁明とで意見が割れた場合に、就業規則で金銭貸借を禁止していれば、少なくとも服務規律違反として対応することは可能となります。

　本事例でも、まずは就業規則を確認し、金銭の貸借を禁止する旨の規定があるかを確認すべきです。

具体的に規定がある場合には、規律違反での懲戒処分を検討したり、当事者を引き離す観点から配置転換を検討したりすることが想定されます。

2　貸借を禁止する規定がない場合の対応

就業規則上、労働者間での金銭の貸借を禁止する規定がない場合、基本的には当事者間の私的な問題として使用者は積極的に関与すべきではありません。

もっとも、ケースによっては単なる貸借の問題ではなく、貸したくもないのに無理矢理強要された、といったトラブルになっているケースもあります。

いわば対等な関係の労働者間に生じたトラブルなのか、優越的地位を利用して起きたトラブルなのかによって事案の評価は全く変わります。

後者の場合にはパワハラなどの問題をはらんでいることもあり、使用者としても慎重な対応が必要になるでしょう。

そこで、まずは被害を訴えている労働者Ｘから丁寧な聴き取りを行うことが適切でしょう。その上で、対等な立場での貸借であると評価できるような場合には、使用者としては積極的に関与すべきではありません。

他方で、労働者Ａが優越的な立場を利用している場合や、貸金の名を借りた恐喝と判断できるようなケースでは、問題解決のために使用者が関与する必要性は大きいはずです。

本事例のように金額が50万円と高額なケースでは、労働者間の問題が大きい可能性は十分にあります。

他にも被害者がいる可能性もありますので、場合によってはアンケートなどの形で他の労働者にも調査を行うことが適切な場合もあるでしょう。

使用者として、被害の状況などトラブルの全容把握に努め、実態として貸借の名を借りた恐喝と考えられるようなケースであれば、懲戒処分などを検討していくことが適切です。

〈事例8〉

| 事例 8 | 労働者の身だしなみに問題があると考えられるケース |

営業を担当している労働者Bが突然髪の毛を金髪にして出社してきた。営業に出かけたところ、取引先から髪色についてクレームが入った。

使用者としてどう対応すべきか？

企業への
アドバイスを行う際の**ポイント**

労働者の髪型が原因でトラブルが生じている事例になります。服装や髪型への規制については裁判例がありますので、それらの判断を示した上で、どのような対応を行っていくかについて具体的に示していくことが重要になります。

1　そもそも身だしなみを制限できるのか

企業は、組織の秩序維持という観点から、労働者に対して必要な命令を行うことができますが、服装に関しても一定の制限を設けることは一般に認められます。

特に、本事例のように営業担当者として社外の人間と直接接するような場合には、まさに組織の顔として行動するわけですから、その制限の必要性は高くなるといえます。

159

使用者としては、組織秩序保持の観点から、労働者の身だしなみについても制限を加えることが可能と考えられます。
　もっとも、服装や髪型といった見た目の問題は、各労働者の人格にもかかわることです。組織秩序保持の観点から規制する必要性があるとはいっても、使用者が無制限に規制できるものではありません。
　また、例えば勤務時間中は制服を着用するなどの規定は業務時間内の問題ですが、髪型、髪の色や髭の有無などは、業務時間内だけに影響するものではありません。
　労働者の日常生活にも影響を及ぼすところであり、制限を加えた場合の影響も大きくなります。
　このような身だしなみに対する制限が問題となった裁判例として、イースタン・エアポートモータース事件（東京地判昭和55・12・15労働民集31巻6号1202頁［27613017］）があります。
　これは、ハイヤー運転手が髭をたくわえることは労働契約上あるいは作業慣行上許されず適法な労務の提供といえないことを理由に使用者が乗務禁止と営業所内待機を命じたことに対し、個人の容姿の自由は個人の尊厳及び思想表現の自由の内容であり、当該命令には正当な理由がないとして、髭を剃ってハイヤーに乗務する労働契約上の義務のないことの確認を求めた事案です。
　判決では、「他の業種に比して一層の規制が課せられるのはやむを得ない」と業務遂行上の必要性を一定程度認めつつも、顧客に快適なサービスを提供するという趣旨からして、「髭を剃ること」の必要性とは、この趣旨に反するような不快感を伴う「無精ひげ」、「異様、奇異なひげ」を指していると限定解釈を行い、当該事例におけるような格別の不快感、嫌悪の情感などをかき立てる形状でないひげはこれにあたらないとして、ひげを剃るようにという業務命令に従う義務はないとしました。
　また、トラック運転手が茶髪をあらためるように命令されたにもかかわらず、これに従わなかったために諭旨解雇された事案では、髪の色・型、

容姿、服装といった労働者の自由を制限する場合、企業の円滑な運営上必要かつ合理的な範囲内にとどまるべきものとされ、解雇は無効と判断されました（東谷山家事件　福岡地小倉支決平成9・12・25労判732号53頁［28030726］）。

このように、裁判例では、身だしなみに対する使用者からの制限自体は認められつつも、必要な範囲に限定する解釈が行われているといえます。

業務上の必要性がある場合には、業務の内容やその趣旨に反する服装や髪型に対して使用者が一定の制限を課すことは可能ですが制限的なものとし、労働者への影響をできる限り限定的にする必要があるといえるでしょう。

2　本事例での対応

本件で労働者Bは金髪で職務に従事し、結果的に取引先からクレームが入ったという事態になっています。

まずは労働者Bに対して、金髪が職務遂行上問題であること、現実に取引先からもクレームが来ていることなどを説明し、改善を求めることが考えられます。

その上で、あらためられないような場合には、髪色を黒髪に戻すように業務命令を発することが想定されます。命令を発しても、なお改善されない場合には懲戒処分も含めて検討していくこととなるでしょう。

この際、重要なのは実際にどのような支障が現実に生じているかを特定していくことです。

具体的に起きているクレームを伝えた上で、弁明書の提出を求めるなどし、労働者Bの意見も踏まえた上で対応を検討していくことが重要です。

なお、頭髪は日々変化していくものですから、処分を下した後で証拠を確保できなくなる可能性もありますので、処分を行わざるを得ない状況だったことを立証するためにも、処分を下す時点での頭髪の状況を写真などで撮影し、証拠として保全しておくことが極めて重要です。

―――― サービス・インフォメーション ――――
―通話無料―
①商品に関するご照会・お申込みのご依頼
　　　TEL 0120（203）694／FAX 0120（302）640
②ご住所・ご名義等各種変更のご連絡
　　　TEL 0120（203）696／FAX 0120（202）974
③請求・お支払いに関するご照会・ご要望
　　　TEL 0120（203）695／FAX 0120（202）973

●フリーダイヤル（TEL）の受付時間は、土・日・祝日を除く
　9：00〜17：30です。
●FAXは24時間受け付けておりますので、あわせてご利用ください。

労働判例の解釈だけでは見えてこない！
弁護士なら知っておくべき、「業務命令権」の行使とその限界

2024年12月10日　初版発行

著　者　　髙　井　重　憲

発行者　　田　中　英　弥

発行所　　第一法規株式会社
　　　　　〒107-8560　東京都港区南青山2-11-17
　　　　　ホームページ　https://www.daiichihoki.co.jp/

装　丁　　篠　隆　二

弁業務命令権　　ISBN978-4-474-09486-4　C2032（2）